AI 와 디지털 혁명

미래 영상 제작의 판을 바꾸다

디지털 콘텐츠 혁명의 새로운 길을 열다

정진일 · 장인보
유시은 · 허성희
김은아 · 유경화
강연례 · 나승천
김진수 · 이신우

DUON

AI와 디지털 혁명, 미래 영상 제작의 판을 바꾸다
디지털 콘텐츠 혁명의 새로운 길을 열다

초판인쇄 2025년 02월 05일
초판발행 2025년 02월 10일

저 자 정진일, 장인보, 유시은, 허성희, 김은아,

　　　　　유경화, 강연례, 나승천, 김진수, 이신우

편 집 이신우
발 행 인 김은아
디 자 인 두온교육(주)
펴 낸 곳 두온교육(주)
　　　　　경기도 평택시 고덕중앙로 322 704호
　　　　　대표 070-5089-5960   **팩스** 0303-3443-7516
　　　　　https://www.duonedu.info
　　　　　E-mail : duonedu@duonedu.net

판 매 처 두온교육(주)
주문전화 070-5089-5960
주문팩스 0303-3443-7516

정가 22,000원   **ISBN** 979-11-94360-13-1(13680)

서 문

당신이 상상만 했던 영상과 콘텐츠의 세계를 단 몇 분 만에 현실로 바꿀 수 있다면 어떨까요? 한때 전문 장비와 고도의 기술만이 가능했던 작업이 이제 AI와 함께라면 누구나 가능해졌습니다. AI는 창작의 판도를 완전히 뒤바꾸고 있으며, 이제 그 중심에서 당신도 디지털 콘텐츠 혁명의 주인공이 될 수 있습니다. 이 책은 바로 그 기회를 제공합니다.

AI와 디지털 혁명, 미래 영상 제작의 판을 바꾸다는 단순히 기술적인 가이드를 넘어, AI가 창작 과정에서 열어주는 무한한 가능성을 탐구하고 활용하는 방법을 제시합니다. 글로벌 대표 문화예술가들이 알려주는 실질적인 AI 미디어 활용법, 손쉽게 AI로 나만의 BGM을 만드는 MixAudio 튜토리얼, 그리고 런웨이 Gen-3 알파와 Luma AI 같은 최첨단 도구를 활용한 영상 제작까지, 이 책은 당신이 바로 실천할 수 있는 지침과 영감을 제공합니다.

하지만 여기서 끝이 아닙니다. AI 시나리오 작성부터 스마트 영상 편집, 그리고 AI 영상 제작의 윤리적 고민에 이르기까지, 이 책은 창작자가 알아야 할 모든 것을 한 권에 담았습니다. 초보자도 쉽게 따라 할 수 있는 가이드부터 고급 사용자를 위한 깊이 있는 통찰까지, 모든 독자가 자신의 프로젝트에 바로 적용할 수 있는 실질적인 도구와 팁을 만날 수 있습니다.

이제 당신 차례입니다. 이 책을 읽는 순간, AI가 가져다주는 창작의 새로운 가능성이 눈앞에서 펼쳐질 것입니다. 당신의 상상력이 AI의 힘과 만나면 어떤 콘텐츠가 탄생할까요? AI와 함께 창작의 혁신을 경험하고 싶다면, 지금 이 책과 함께하세요.

이제, 이 책과 함께 당신만의 이야기를 만들어가세요. 디지털 콘텐츠의 미래를 여는 열쇠는 바로 당신의 손에 달려 있습니다.

이제 선택하세요. 창작의 혁명을 이끄는 주인공이 될 준비가 되셨나요?

두온교육 출판사 편집부

편집장 이신우

AI와 디지털 혁명, 미래 영상 제작의 판을 바꾸다

- 디지털 콘텐츠 혁명의 새로운 길을 열다 -

저자

정진일, 장인보, 유시은, 허성희, 김은아,
유경화, 강연례, 나승천, 김진수, 이신우

두온교육 출판사

Contents

VI. Vrew와 함께하는 스마트 영상 편집　124

VII. 런웨이 Gen-3 알파로 AI 영상 제작　141

VIII. Luma AI「Dream Machine」가이드　166

IX. LTX Studio 튜토리얼(Tutorial) 187

X. AI 영상 제작과 윤리 204

저자 소개

AI 큐레이터이자 생산성 전문가로, Microsoft EXCEL MVP와 피플웨어교육컨설팅그룹 대표를 역임하고 있다. AI 프롬프트연구소 소장, 한국 AI 전문가 협회 및 한국지식기업전문 가협회(KKBEA) 회장으로 활약하며, KBS '아침마당' 출연과 2011년 대한민국 HRD 명강사 대상 수상을 비롯해 기업교육 명강사 30인에 다수 선정된 바 있다. 그의 열정과 전문성은 많은 이들에게 긍정적 변화를 선사하고 있다.

[E-Mail] namolayo1004@hanmail.net

정진일

저자 소개

트렌드 전문가이자 환경동물운동가. 1999년 배우로 데뷔한 후 연극영화 교수, 연극·뮤지컬 연출가, 영화감독으로 활약하며 문화예술계에서 다방면으로 작품성을 인정 받았고, G20정상회의, 평창올림픽 갈라쇼를 연출하며 국가 대표 감독으로 자리매김을 했다. AI 아트협회 글로벌 엔터테인먼트 회장으로서 AI와 예술의 융합을 선도하며, 세계 최초 AI 장편영화 제작을 하고 있으며, 글로벌 무대에서 활약 중이다.

[E-Mail] jip9913@gmail.com

장인보

저자 소개

파이낸스투데이 기자 및 부산지국장을 역임하며 학원 마케팅과 언론 분야에서 활약하고 있다. 현재 고등학교 수행평가를 대비할 수 있는 탐구보고서 지도사과정과 영어에세이 지도사과정을 강의하고 있으며, 진로·진학 상담사, 자기주도학습 지도사, 전자책 글쓰기 지도사 등 다수의 자격을 보유한 그는 글과 교육을 통해 많은 이들의 성장을 돕는데 최선을 다하고 있다.

[E-Mail] attractive2016@naver.com

유시은

저자 소개

22년 차 강사로 미디어 리터러시와 진로 코칭 분야에서 활동하며, 비판적 사고와 윤리적 미디어 사용을 교육 현장에 실천해 왔다.

또한 북아트와 AI아트를 통해 예술적 성찰을 인성 교육과 접목하며 디지털 시민의 역량 개발에 힘쓰고 있다. 교육과 예술, 코칭을 융합 해 긍정적 변화를 만들어가고 있다.

[E-Mail] mie4u@hanmail.net

허성희

저자 소개

코딩과 메이커 교육 분야의 전문가이자 AI 교육 전문 강사로서, 다양한 연령층을 대상으로 창의적이고 실용적인 교육을 제공하고 있다. 다년간의 현장 경험을 바탕으로 학습자들의 흥미를 유발하며, 실습 중심의 교육을 통해 학습 효과를 극대화한다. 또한, 최신 교육 트렌드와 기술을 적극 도입하여 교육의 질을 높이고 있으며, 학습자들의 성장을 돕기 위해 지속적으로 노력하고 있다.

[E-Mail] florss58@gmail.com

김은아

저자 소개

㈜드림정보 미래교육총괄 이사와 드림AI콘텐츠 연구소 소장으로 활동하며, AI 및 생성형 AI, 코딩, 진로 컨설팅 분야에서 전문성을 발휘하고 있다. 파이낸스투데이 기자 및 천안지국장, 민AI 아트 수석강사, 한국진로진학연구원 수석연구원 등 다양한 직책을 역임하며 초중고 교원 연수, 고교 학점제 강의, 언론 및 공공기관 AI 교육 등 폭넓은 강의경험을 보유하고 있다. 현재 한국AI예술협회 회원 및 디지털융합교육원 충남세종지회장으로도 활발히 활동 중이다.

[E-Mail] tinasem70@naver.com

유경화

저자 소개

보험 영업 31년 경력으로 ㈜인카금융서비스 지라이프 법인 GA 이사와 녹십자생명 영업 명예이사를 역임하며 전국여왕 5회를 수상한 베테랑 보험 전문가이다. ㈜한국강사교육진흥원 책임연구원 및 전임강사로 강사 역량 강화에 앞장서고 있으며, 글로벌사이버대학교 홍보대사와 숙명여대 미래교육원 AI 그림동화 콘텐츠 강사로 활약 중이다. 다양한 경험과 전문성을 바탕으로 AI와 금융, 교육의 융합을 선도하고 있다.

[E-Mail] 96120100@hanmail.net

강연례

저자 소개

40여 년간 경영기획, 홍보, 마케팅 분야에서 풍부한 경험을 바탕으로 AI 시대를 선도하는 전문가로서 활약하고 있다. AI 프롬프트 엔지니어 전문가 과정을 수료한 뒤 AI 기술 연구와 프롬프트 제작에 집중하고 있다. 최근에는 <성공하는 전자책 제작과 출판 전략>을 출간하였고, 사회복지기관의 효율적인 프로포절 작성을 위한 <복지파트너 AI 챗봇> 개발에 전념하여 기술과 인간의 가교를 만드는 데 헌신하고 있다.

[E-Mail] nasc1956@gmail.com

나승천

저자 소개

숙명여대 커리어개발대학원에서 리더십교육을 전공하고, 현재 AI 인공지능콘텐츠 연구소장, 메이랜드AI비즈랩 대표로 활동하며, 생성형 AI와 업무 효율 화 강의로 정부부처, 기업, 학교 등에서 활약 중이다. 주요 저서로는 <챗GPT 업무효율화>, <인지문학 AI의 시간 사랑의 언어로 번역하다> 등이 있으며, 2023년 인공지능컨텐츠 강사경진대회 대상 수상 등 다방면에서 두각을 나타내고 있다.

[E-Mail] kjs36936941@gmail.com

김진수

저자 소개

미래이음연구소 소장이자 두온교육(주) 출판사 편집장, 메이커생 활창작소 대표로, 교육과 창작의 융합을 실천하고 있다. 디지털 융합 교육원 지도교수 및 경기지회장으로 활동하며, 평택마을교육 사회적 협동조합 이사로도 활약 중이다. 또한, 한국AI예술협회 수석부 회장 및 지도교수, AI프롬프트연구소 책임연구원으로서 AI와 예술, 교육의 접점을 탐구하며 다양한 연구와 창작 활동을 이어가고 있다.

[E-Mail] mintorain@gmail.com

이신우

I.

글로벌 대표 문화예술가가 전하는
찐 AI 미디어 활용하기

저자 장인보

1. Prologue

눈부신 기술 혁신의 물결 속에서, AI는 이제 미디어 산업의 새로운 지평을 열고 있습니다. 생성형 AI, 딥러닝, 머신러닝 기술이 발전하면서 우리는 상상조차 못 했던 가능성을 눈앞에 두고 있습니다. 이 책은 AI가 어떻게 창작의 경계를 허물고, 미디어의 미래를 다시 정의해 가는지에 대한 여정을 담고자 합니다.

오늘날, AI는 초고화질 이미지 생성부터 음악, 텍스트, 영상 등 다방면의 콘텐츠를 만들어내는 능력을 갖추며 다양한 형식의 창작을 가능케 하고 있습니다. 사용자 개인의 취향과 선호를 분석해 최적화된 콘텐츠를 제공하는 기술은, 더 이상 먼 미래의 이야기가 아닙니다. AI는 이제 단순한 도구를 넘어, 인간과 협력하여 창의력을 극대화하는 동반자가 되고 있습니다.

이 책에서는 AI 기술이 미디어 산업에 가져올 혁신적인 변화를 중심으로, 그 가능성을 탐구합니다.

AI와 인간의 협업으로 탄생할 새로운 예술 형식, 콘텐츠 제작의 비용 절감과 생산성 향상, 그리고 메타버스와 결합된 몰입형 경험의 확산 등. 그 변화는 우리 모두의 콘텐츠 소비 방식과 미디어 산업의 구조를 근본적으로 바꾸어 놓을 것입니다.

그러나 이 새로운 시대가 가져올 윤리적 도전도 잊어서는 안 됩니다. 딥페이크나 알고리즘 편향 같은 문제는 우리가 마주해야 할 과제이며, 이에 대한 해결책을 함께 모색해야 합니다.

이 책의 마지막 장을 덮을 즈음, 독자 여러분은 AI 미디어의 놀라운 세계를 이해하고, 그 미래를 상상하는 자신을 발견하게 될 것입니다. 2025년에 선보일 AI 영화는, 그 상상의 한 조각을 구현해 낼 작품이 될 것입니다. 이제 AI 미디어의 새로운 세계로 떠날 준비가 되셨나요?

[그림 6] 해외 한류 문화 예술 강연 중인 장인보 감독

우리 함께, 그 여정을 시작해 보겠습니다.

2. AI 영상 제작의 개념과 역사

[그림 7] AI 영상 제작: 개념과 역사

가. AI 영상 제작이란 무엇인가?

AI 영상 제작은 인공지능 기술을 활용하여 영상 콘텐츠를 생성, 편집, 또는 변형하는 모든 과정을 의미한다. 단순한 영상 편집 자동화를 넘어, AI는 이제 창의적인 영상 아이디어를 생성하고, 실제 영상을 만들어내는 수준까지 발전했다.

[그림 8]

핵심 기술:

- 생성 모델: 텍스트, 이미지 등 다양한 형태의 데이터를 기반으로 새로운 영상 콘텐츠를 생성.
- 딥러닝: 방대한 양의 데이터를 학습하여 영상 분석, 객체 인식, 스타일 전환 등 다양한 작업을 수행.
- 컴퓨터 비전: 영상 내 객체를 인식하고, 추적하며, 이해하는 기술.

나. AI 영상 제작의 역사

AI 영상 제작의 역사는 딥러닝 기술의 발전과 밀접한 관련이 있다.

- 초기 단계: 간단한 영상 편집 자동화, 효과 적용 등 단순한 작업에 AI가 활용되고 있다.
- 딥러닝 시대: 딥러닝 기술의 발전으로 AI는 더욱 복잡한 영상 생성 및 편집 작업을 수행할 수 있게 되었다.
- 생성 모델의 등장: GAN(Generative Adversarial Network) 등 생성 모델의 등장으로 AI는 완전히 새로운 영상 콘텐츠를 생성할 수 있게 되었다.

[그림 9]

다. AI 영상 제작의 발전과 미래

AI 영상 제작은 빠른 속도로 발전하고 있으며, 미래에는 더욱 다양한 분야에서 활용될 것으로 예상됩니다.

- 개인화된 콘텐츠: 개인의 취향과 관심사에 맞춘 맞춤형 영상 콘텐츠 제작
- 효율적인 콘텐츠 제작: 시간과 비용을 절약하고, 생산성을 향상시키는 콘텐츠 제작
- 새로운 형태의 예술: AI가 창작한 새로운 예술 작품의 등장
- 메타버스 구축: 가상 세계 구축에 필요한 다양한 영상 콘텐츠 생성

라. AI 영상 제작의 주요 활용 분야

- 광고: 맞춤형 광고 영상 제작, 짧은 시간 안에 다양한 버전의 광고 제작
- 영화 및 드라마: 특수 효과, 배경 생성, 인물 복제 등
- 게임: 게임 캐릭터, 배경, 연출 등
- 교육: 교육용 영상 콘텐츠 제작, 개인별 맞춤형 학습 콘텐츠 제공
- 뉴스: 가짜 뉴스 방지, 뉴스 영상 자동 생성

마. AI 영상 제작의 한계와 과제

- 저작권 문제: AI가 생성한 콘텐츠의 저작권 문제
- 딥페이크 문제: 악의적인 목적으로 사용될 수 있는 딥페이크 기술
- 편향성 문제: 학습 데이터의 편향성이 결과물에 영향을 미칠 수 있음.

3. AI 영상 제작의 핵심 기술

AI 영상 제작의 핵심 기술: 생성 AI, 딥페이크, 스타일 전이 등

AI 영상 제작은 인공지능 기술의 발전과 함께 급격하게 성장하고 있는 분야이다. 특히 생성 AI, 딥페이크, 스타일 전이와 같은 핵심 기술들은 영상 제작의 패러다임을 바꾸고 있다. 이번에는 각 기술의 원리와 활용 사례에 대해 알아보자.

가. 생성 AI (Generative AI)

원리:
- GAN (Generative Adversarial Network): 두 개의 신경망이 서로 경쟁하며 학습하는 방식이다. 하나의 신경망은 가짜 데이터를 생성하고, 다른 신경망은 생성된 데이터가 진짜인지 가짜인지 판별한다. 이러한 경쟁을 통해 점차적으로 더욱 사실적인 데이터를 생성할 수 있게 된다.

- VAE (Variational Autoencoder): 데이터의 잠재 표현(latent representation)을 학습하여 새로운 데이터를 생성하는 모델이다.

활용 사례:
- 새로운 영상 콘텐츠 생성: 텍스트 설명만으로도 새로운 영상을 생성할 수 있다. 예를 들어, "고양이가 피아노를 연주하는 영상"과 같은 텍스트를 입력하면 AI가 해당하는 영상을 만들어낸다.

- 영상 스타일 전환: 기존 영상의 스타일을 완전히 다른 스타일로 바꿀 수 있다. 예를 들어, 실사 영상을 애니메이션 스타일로 변환하거나, 고흐의 그림 스타일로 바꿀 수 있다.
- 영상 편집 자동화: 영상의 배경을 제거하거나, 객체를 추가하는 등 복잡한 편집 작업을 자동화할 수 있다.

나. 딥페이크 (Deepfake)

원리:

딥러닝 기술을 이용하여 특정 인물의 얼굴이나 목소리를 다른 영상이나 음성에 합성하는 기술이다. Autoencoder와 GAN을 결합하여 고화질의 딥페이크 영상을 생성할 수 있다.

활용 사례:

엔터테인먼트: 영화, 드라마 등에서 특수 효과를 구현하거나, 고인이 된 배우를 부활시키는 데 활용될 수 있다.

광고:

유명인의 얼굴을 활용한 광고를 제작할 수 있다.
- 가짜 뉴스 생성: 악의적인 목적으로 사용될 수 있으며, 사회적 문제를 야기할 수 있다.

다. 스타일 전이 (Style Transfer)

원리:

한 이미지의 스타일을 다른 이미지의 콘텐츠에 적용하는 기술이다. 신경망을 이용하여 이미지의 콘텐츠와 스타일을 분리하고, 원하는 스타일을 다른 이미지에 적용한다.

활용 사례:

- 미술: 예술 작품의 스타일을 분석하고, 새로운 작품을 생성하는 데 활용될 수 있다.
- 사진 편집: 사진의 스타일을 다양하게 변형하여 예술적인 효과를 줄 수 있다.
- 영상 편집: 영상 전체 또는 특정 부분의 스타일을 변경하여 독특한 분위기를 연출할 수 있다.

결론:

생성 AI, 딥페이크, 스타일 전이와 같은 기술들은 영상 제작의 가능성을 무한대로 확장시켰다. 하지만 이러한 기술들은 윤리적인 문제와 함께 악용될 가능성도 내포하고 있다. 따라서 기술 발전과 함께 이러한 문제에 대한 사회적인 논의가 활발하게 이루어져야 할 것이다.

4. AI 영상 제작의 산업별 활용 사례

AI 영상 제작 기술은 광고, 영화, 교육, 게임 등 다양한 산업 분야에서 혁신을 가져오고 있다. 각 산업별로 AI가 어떻게 활용되고 있는지 자세히 살펴보겠다.

가. 광고 산업

- 맞춤형 광고 제작: AI는 개인의 관심사와 행동 데이터를 분석하여 맞춤형 광고 영상을 제작한다. 예를 들어, 특정 브랜드의 제품을 구매한 적이 있는 소비자에게는 해당 브랜드의 신제품 광고를 노출시키는 방식이다.

- 인플루언서 마케팅 자동화: AI는 인플루언서와의 협업을 자동화하여 광고 효율을 높인다. 가상 인플루언서를 활용하여 더욱 다양한 타겟층에 도달할 수도 있다.

- A/B 테스트 자동화: AI는 다양한 광고 변수를 조합하여 A/B 테스트를 자동화하고, 가장 효과적인 광고를 찾아낸다.

나. 영화 산업

- 특수 효과: 딥페이크 기술을 활용하여 배우의 얼굴을 바꾸거나, 가상의 캐릭터를 생성하여 더욱 사실적인 특수 효과를 구현한다.
- 배경 생성: AI는 실제 존재하지 않는 배경을 생성하여 영화의 시각적 효과를 높인다.

- 디에이징/에이징: 배우의 나이를 조절하여 과거 또는 미래의 모습을 사실적으로 구현한다.
- 스토리보드 자동 생성: AI는 시나리오를 바탕으로 스토리보드를 자동 생성하여 제작 과정을 효율화한다.

다. 교육 산업

- 개인 맞춤형 학습 콘텐츠: AI는 학습자의 수준과 학습 스타일을 분석하여 개인 맞춤형 학습 콘텐츠를 제공한다.
- 가상 현실 교육: AI 기반 가상 현실 기술을 활용하여 실제 환경과 유사한 학습 환경을 제공한다.
- 자동 채점: AI는 학생들의 과제를 자동으로 채점하고 피드백을 제공하여 교사의 업무 부담을 줄일수 있다.

라. 게임 산업

- NPC 생성: AI는 게임 속 비플레이어 캐릭터(NPC)의 외모, 성격, 행동을 자동으로 생성하여 게임의 현실감을 높인다.
- 게임 레벨 디자인: AI는 게임 레벨을 자동으로 생성하여 다양한 게임 플레이를 제공한다.
- 게임 테스트: AI는 게임을 플레이하며 버그를 찾아내고, 게임 밸런스를 조절한다.

마. 기타 산업

- 뉴스 산업: 뉴스 영상 자동 생성, 가짜 뉴스 탐지 등
- 패션 산업: 가상 모델을 활용한 의류 디자인 및 마케팅
- 건축 산업: 건축 디자인 시뮬레이션, 가상 현실 건축 투어 등

5. AI 영상 제작의 미래와 과제

AI 영상 제작 기술은 빠르게 발전하며 콘텐츠 산업의 지형을 급격하게 변화시키고 있다. 하지만 이러한 혁신적인 기술은 밝은 미래와 함께 풀어야 할 다양한 과제들을 안고 있다.

가. 밝은 미래: 무한한 가능성

개인화된 콘텐츠: AI는 개인의 취향과 관심사를 분석하여 맞춤형 영상 콘텐츠를 제공할 수 있다. 이는 교육, 엔터테인먼트 등 다양한 분야에서 개인 맞춤형 경험을 제공하는 데 기여할 것이다.

나. 생산성 향상

반복적인 영상 편집 작업을 자동화하여 제작 시간을 단축하고, 더욱 창의적인 작업에 집중할 수 있도록 돕는다.

다. 새로운 예술 형태의 탄생

AI는 인간의 상상력을 뛰어넘는 새로운 예술 작품을 창작할 수 있는 가능성을 제시한다.

라. 메타버스 구축

가상 세계 구축에 필요한 다양한 영상 콘텐츠를 생성하여 메타버스 시대를 앞당길 것이다.

마. 윤리적 문제

딥페이크 악용: 딥페이크 기술은 가짜 뉴스 생성, 명예 훼손 등 악의적인 목적으로 사용될 수 있다.

바. 개인정보 유출

AI 학습에 사용되는 데이터가 개인정보를 포함하고 있을 경우, 이를 보호하기 위한 강력한 보안 체계가 필요하다.

사. 알고리즘 편향

AI 학습 데이터의 편향성이 결과물에 반영되어 특정 집단에 대한 차별을 야기할 수 있다.

아. 저작권 문제

- 저작권 소유: AI가 생성한 콘텐츠의 저작권이 누구에게 귀속되는지에 대한 명확한 법적 기준이 필요하다.
- 저작권 침해: AI가 기존 콘텐츠를 학습하여 유사한 콘텐츠를 생성할 경우 저작권 침해 문제가 발생할 수 있다.
- 기술적 한계: 현실감 부족: 아직까지 AI가 생성한 영상은 실제 사람이 만든 영상에 비해 현실감이 부족한 경우가 많다.
- 예측 불가능성: AI의 학습 과정에서 예상치 못한 결과물이 나올 수 있다.

자. 미래를 위한 준비

- 윤리적 가이드라인 마련: AI 영상 제작에 대한 윤리적 가이드라인을 마련하고, 이를 준수하기 위한 노력이 필요하다.
- 법적 규제 강화: 저작권, 개인정보 보호 등 관련 법규를 정비하고, AI 기술 발전에 맞춰 지속적으로 개선해야 한다.
- 기술 개발: AI 모델의 성능을 향상시키고, 더욱 사실적인 영상을 생성할 수 있는 기술 개발이 필요하다.
- 교육 및 인식 개선: AI 기술의 발전에 따른 사회적 변화에 대한 대비를 위해 교육 및 인식 개선 노력이 필요하다.

차. 결론

AI 영상 제작은 우리 삶을 풍요롭게 만들 수 있는 잠재력을 가지고 있지만, 동시에 해결해야 할 과제도 많다. 기술 발전과 함께 윤리적 문제, 법적 문제 등을 종합적으로 고려하여 지속 가능한 AI 생태계를 구축하는 것이 중요하다.

6. 성공적인 AI 영상 제작을 위한 가이드 ──

가. 성공적인 AI 영상 제작을 위한 단계별 가이드

AI 기술이 발전하면서 영상 제작 과정이 더욱 효율적이고 창의적으로 변화하고 있다. 하지만 AI를 활용하여 성공적인 영상을 제작하기 위해서는 체계적인 계획과 전략이 필요하다. 아래는 아이디어 구상부터 최종 편집까지 단계별 가이드이다.

1단계: 아이디어 구상 및 기획

- 목표 설정: 영상을 통해 무엇을 전달하고 싶은지 명확하게 정의한다.
- 타겟 설정: 영상을 시청할 대상을 구체적으로 설정한다.
- 콘셉트 개발: 독창적이고 기억에 남는 콘셉트를 개발한다.
- 스토리보드 작성: 간략한 스토리보드를 통해 영상의 전체적인 흐름을 시각화한다.
- AI 활용 방안 모색: 어떤 부분에 AI 기술을 활용할지 구체적으로 계획한다.
  (예: 배경 생성, 캐릭터 애니메이션, 특수 효과 등)

2단계: 스토리보드 작성 및 시나리오 구성

- 세부 스토리보드: 각 장면별 연출, 카메라 움직임, 대사 등을 상세하게 기록한다.
- 시나리오 작성: 스토리보드를 바탕으로 시나리오를 작성하여 내용의 완성도를 높인다.

- AI 활용 부분 구체화: 스토리보드에 AI를 활용할 부분을 구체적으로 표시한다.

3단계: 촬영 준비

- 촬영 장비 준비: 카메라, 조명, 마이크 등 필요한 장비를 준비한다.
- 촬영 환경 설정: 촬영 장소를 선정하고, 조명과 소리를 조절하여 최적의 촬영 환경을 만든다.
- AI 모델 준비: 사용할 AI 모델을 선택하고, 필요한 데이터를 준비한다.

4단계: 촬영

- 계획대로 촬영: 스토리보드와 시나리오에 따라 촬영을 진행한다.
- B컷 촬영: 다양한 각도와 클로즈업 샷 등을 추가로 촬영하여 편집의 자유도를 높인다.
- AI 활용 촬영: AI를 활용하여 촬영하는 부분은 미리 설정된 파라미터에 따라 진행한다.

5단계: 편집

- 영상 편집: 촬영한 영상을 이어 붙이고, 불필요한 부분을 삭제한다.
- AI 활용: AI를 활용하여 특수 효과, 배경 변경, 얼굴 인식 등 다양한 작업을 수행한다.
- 색 보정: 영상의 색감을 조절하여 분위기를 연출한다.
- 음악 및 효과음 추가: 영상에 어울리는 음악과 효과음을 추가한다.
- 자막 및 그래픽 추가: 필요한 경우 자막이나 그래픽을 추가한다.

6단계: 최종 검토 및 수정

- 완성된 영상 검토: 전체적인 흐름과 내용을 검토한다.
- 오류 수정: 오타나 음향 문제 등을 수정한다.
- 피드백 반영: 다른 사람들의 의견을 수렴하여 영상을 개선한다.

나. AI 활용 시 주의사항

- 데이터 품질: AI 모델 학습에 사용되는 데이터의 품질이 결과물의 퀄리티를 좌우한다.
- 편향성: AI 모델이 학습 데이터의 편향성을 반영할 수 있으므로 주의해야 한다.
- 저작권: 타인의 저작물을 무단으로 사용하지 않도록 주의해야 한다.

다. 성공적인 AI 영상 제작을 위한 팁

- 다양한 AI 도구 활용: 다양한 AI 도구를 활용하여 창의적인 영상을 제작할 수 있다.
- 꾸준한 학습: AI 기술은 빠르게 발전하므로 꾸준히 새로운 기술을 학습해야 한다.
- 실험 정신: 다양한 시도를 통해 자신만의 스타일을 개발해야 한다.
- 협업: 다른 전문가들과 협력하여 더욱 완성도 높은 영상을 제작할 수 있다.

AI 영상 제작은 창의성과 기술력이 결합된 새로운 영역입니다. 위 가이드를 참고하여 자신만의 독창적인 영상을 만들어 보자.

7. 부록: AI 영상 제작 관련 용어 사전, 유용한 웹사이트, 참고 문헌

AI 영상 제작 분야는 빠르게 발전하며 새로운 용어들이 속속 등장하고 있다. 이러한 용어들을 정확하게 이해하는 것은 AI를 활용한 영상 제작을 효과적으로 수행하는 데 필수적이다. 아래는 AI 영상 제작에 자주 사용되는 용어들을 정리한 사전이다.

가. 핵심 기술 관련 용어

- 생성 모델 (Generative Model): 새로운 데이터를 생성하는 인공지능 모델이다. GAN(Generative Adversarial Network), VAE(Variational Autoencoder) 등이 대표적이다.

- GAN (Generative Adversarial Network): 두 개의 신경망이 서로 경쟁하며 학습하는 모델로, 하나는 가짜 데이터를 생성하고 다른 하나는 진짜와 가짜를 구분한다.
- VAE (Variational Autoencoder): 데이터의 잠재 표현을 학습하여 새로운 데이터를 생성하는 모델이다.
- 딥페이크 (Deepfake): 딥러닝 기술을 이용하여 특정 인물의 얼굴이나 목소리를 다른 영상이나 음성에 합성하는 기술이다.
- 스타일 전이 (Style Transfer): 한 이미지의 스타일을 다른 이미지의 콘텐츠에 적용하는 기술이다.
- 컴퓨터 비전 (Computer Vision): 컴퓨터가 이미지나 영상을 이해하고 해석하는 기술이다.
- 딥러닝 (Deep Learning): 인공신경망을 기반으로 대량의 데이터를 학습하여 복잡한 패턴을 인식하는 기술이다.

나. 영상 제작 관련 용어

- 프롬프트 (Prompt): 생성 AI에게 무엇을 생성할지 지시하는 명령어다.
- 데이터셋 (Dataset): AI 모델을 학습시키기 위해 사용하는 데이터의 집합이다.
- 오버피팅 (Overfitting): 학습 데이터에만 과도하게 맞춰져 새로운 데이터에 대한 일반화 성능이 저하되는 현상이다.
- 언더피팅 (Underfitting): 학습 데이터에 충분히 학습되지 않아 모델의 성능이 저하되는 현상이다.
- 렌더링 (Rendering): 3D 모델이나 애니메이션을 2D 이미지나 영상으로 변환하는 과정이다.

다. 기타 용어

- AI 아트 (AI Art): AI를 활용하여 생성된 예술 작품이다.
- 텍스트 투 이미지 (Text-to-Image): 텍스트 설명을 바탕으로 이미지를 생성하는 기술이다.
- TTS (Text-to-Speech): 텍스트를 음성으로 변환하는 기술이다.
- AI 영상 제작 도구 관련 용어
- 모델 (Model): 특정 작업을 수행하도록 학습된 AI의 구조이다.
- 파라미터 (Parameter): 모델의 학습 과정에서 조정되는 값이다.
- 하이퍼파라미터 (Hyperparameter): 모델의 학습 과정 자체를 조절하는 값이다.

II.

AI 시나리오 작성법

저자 유시은

1. AI 시나리오 작성의 기본 개념

가. AI 시나리오란 무엇인가?

AI 시나리오란 인공지능(AI)을 활용해 시나리오를 개발하고 구체화하는 과정을 뜻한다. 여기서 시나리오란 이야기를 구성하는 서사, 사건 전개, 인물 간의 대화 등을 의미하며, 주로 영화, 드라마, 게임, 광고 등의 콘텐츠에서 사용된다. 전통적으로 시나리오 작성은 작가의 창의성과 경험을 바탕으로 이루어졌지만, AI 기술의 발전으로 시나리오 작성 과정에 AI가 적극적으로 도입되고 있다. 이는 대규모 데이터 학습과 알고리즘을 활용해 스토리라인을 자동으로 생성하거나 인간 작가가 제시한 초안을 바탕으로 추가적인 내용을 제안하는 방식으로 이루어진다. AI 시나리오의 주요 특징은 방대한 데이터 분석을 통해 기존의 패턴과 사례를 바탕으로 스토리를 구성한다는 점이다.

AI는 기계 학습을 통해 다양한 시나리오와 텍스트를 학습하고, 이를 바탕으로 새로운 시나리오를 창출하는데, 이 과정에서 스토리의 흐름, 인물의 관계, 사건의 논리적 전개 등을 예측하고 창의적인 요소가 가미될 수 있다. 예를 들어, 영화나 드라마의 경우 특정 장면에 대한 간단한 설정만 제시하면 AI가 그에 맞는 장면의 전개, 대사, 감정 표현 등을 자동으로 생성할 수 있다. AI 시나리오는 기본적으로 자연어 처리(NLP) 기술을 기반으로 한다. NLP는 AI가 인간의 언어를 이해하고 생성하는 기술로, 시나리오 작성에 있어 대사 작성, 설명문 생성, 사건의 흐름을 논리적으로 연결하는 데 중요한 역할을 한다.

AI는 대화를 분석하고 패턴을 학습함으로써 인물 간의 자연스러운 상호작용을 만들어내며, 감정 표현이나 대사 톤을 조절해 시나리오의 완성도를 높인다. 또한, AI 시나리오 작성은 빅데이터 분석을 통해 이루어진다. AI는 과거에 만들어진 수많은 시나리오 데이터를 분석하여 성공적인 패턴을 찾아내고 이를 새로운 시나리오에 반영한다. 이러한 과정을 통해 AI는 매우 다양한 스타일의 시나리오를 생성할 수 있으며, 특정 장르나 스타일에 맞춘 맞춤형 스토리도 자동으로 생성할 수 있다.

즉 AI 시나리오는 인공지능 기술을 활용해 스토리텔링 과정을 자동화하고 효율성을 높이는 새로운 방식이고, 대규모 데이터를 분석해 빠르게 생성되며, 다양한 스타일과 장르에 맞춘 시나리오 작성이 가능하다는 장점이 있다.

나. 인간과 AI의 협업

AI 시나리오 작성의 발전과 함께, 인간과 AI의 협업은 필수적인 요소로 자리 잡고 있다. AI는 방대한 데이터를 처리하고 분석하는 능력을 갖추고 있지만, 인간만이 발휘할 수 있는 창의성과 직관을 완전히 대체할 수는 없다. 따라서 AI는 작가의 보조 도구로 활용되며, 인간과 AI가 협업함으로써 더욱 완성도 높은 시나리오를 작성할 수 있게 된다. AI는 인간이 설정한 기본적인 플롯이나 인물 관계를 바탕으로 시나리오의 세부 사항을 자동으로 채워나갈 수 있다. 예를 들어, 작가가 큰 줄기의 이야기 구조를 설정하면, AI는 그 안에서 인물 간의 대화나 세부적인 사건 전개를 만들어낼 수 있다. 이러한 협업 방식은 특히 복잡한 이야기를 구성하는 데 효과적이며, 반복적인 작업이나 세부 조정 작업에서 AI의 도움을 받을 수 있어 시간과 노력을 절약할 수 있다.

또 AI는 작가에게 새로운 영감을 제공하는 도구로도 활용된다. AI는 다양한 데이터를 기반으로 하여 인간이 미처 생각하지 못한 요소들로 시나리오를 제시할 수 있으며, 이를 바탕으로 작가는 기존의 아이디어를 발전시킬 수 있다. 이는 특히 기존의 틀에 얽매이지 않는 독창적인 스토리텔링을 추구하는 작가들에게 유용하다. AI와 인간의 협업은 시나리오 작성뿐만 아니라, 콘텐츠 제작의 전반적인 과정에서도 이루어진다. 예를 들어, 영화나 드라마 제작 과정에서 AI는 시나리오 초안을 자동으로 작성하거나, 장면 전환이나 대사 수정 등의 세부 작업을 빠르게 처리할 수 있다. 인간 감독이나 작가는 이러한 AI의 결과물을 바탕으로 최종 수정 작업을 진행하며, 전체적인 완성도를 높이는 데 집중할 수 있다.

그러나 인간과 AI의 협업 과정에서는 몇 가지 중요한 요소들이 고려되어야 한다. 첫째로, AI가 제시하는 시나리오나 아이디어는 인간이 반드시 검토하고 수정하는 과정이 필요하다. AI는 데이터를 기반으로 학습하기 때문에 편향된 결과물을 생성할 수 있으며, 인간이 이를 걸러내고 조정하는 역할이 필요하다. 둘째로, AI가 제공하는 창의적인 제안은 인간 작가의 창의성을 자극하는 도구로 사용되어야 하며, AI의 제안에 지나치게 의존하는 것은 오히려 창작의 한계를 초래할 수 있다.

AI는 데이터 분석과 자동화된 작업 처리에서 탁월한 성능을 발휘하며, 인간은 직관적이고 창의적인 사고를 통해 AI가 만들어낸 결과물을 더욱 완성도 있게 다듬을 수 있다. 이러한 협업을 통해 더욱 혁신적이고 창의적인 시나리오를 만들어낼 수 있으며, 이는 콘텐츠 제작의 질을 높이는 데 크게 이바지한다. 이처럼 인간과 AI의 협업을 통해 시나리오 작성의 효율성과 창의성을 동시에 극대화하는 것이 가능하며, 이는 미래의 콘텐츠 제작 과정에서도 중요한 역할을 할 것이다.

2. AI의 작동 원리와 시나리오 적용

가. AI의 기본 원리

인공지능(AI)은 인간의 사고 과정을 모방하여 데이터를 분석하고, 패턴을 학습하며, 이를 바탕으로 문제를 해결하거나 새로운 정보를 생성하는 기술이다. 이러한 AI의 기본 원리는 컴퓨터가 단순한 명령 수행을 넘어 스스로 학습하고 발전할 수 있는 능력을 갖추는 데 있다. AI는 학습 과정에서 대량의 데이터를 활용하여 규칙을 스스로 발견하고, 이를 바탕으로 새로운 데이터를 처리하는 능력을 갖춘다. AI의 핵심 작동 원리는 바로 이 '학습'에 있으며, 이는 기계 학습(Machine Learning)과 딥 러닝(Deep Learning)으로 나뉘어 설명할 수 있다.

기계 학습(Machine Learning)은 AI가 많은 양의 데이터를 기반으로 특정 패턴을 학습하고, 이를 바탕으로 예측하거나 결정을 내리는 알고리즘이다. 예를 들어, 기계 학습 알고리즘은 이전에 입력된 데이터를 통해 새로운 데이터의 특성을 예측할 수 있다. 이러한 기계 학습은 주로 지도 학습(Supervised Learning)과 비지도 학습(Unsupervised Learning)으로 나뉘며, 때로는 강화 학습(Reinforcement Learning) 방식을 사용하기도 한다. 지도 학습은 정답이 있는 데이터를 통해 학습하는 방식으로, AI는 입력과 출력 간의 관계를 학습하여 이후에 주어진 입력에 대해 적절한 출력을 예측하게 된다. 반면, 비지도 학습은 정답이 없는 데이터를 다루며, AI는 데이터 내에서 스스로 패턴을 발견하는 능력을 길러야 한다. 강화 학습은 보상과 벌을 통해 학습하는 방식으로, AI는 목표를 달성하기 위해 여러 시도를 하며 학습을 진행한다. 이러한 학습 과정은 마치 인간이 경험을 통해 배워나가는 과정과 유사하다.

딥 러닝(Deep Learning)은 기계 학습의 하위 분야로, 더욱 복잡한 심화학습 과정을 통해 데이터를 처리한다. 딥 러닝은 다층 신경망(Neural Networks)을 사용해 인간의 뇌가 정보를 처리하는 방식을 모방하는데, 여러 층으로 이루어진 인공 신경망을 통해 입력된 데이터를 점진적으로 분석한다. 딥 러닝은 특히 이미지 인식, 음성 인식, 자연어 처리와 같은 복잡한 작업에서 탁월한 성능을 보인다. 예를 들어, 딥 러닝을 활용한 자연어 처리(NLP)는 AI가 인간의 언어를 이해하고 생성하는 데 중요한 역할을 하며, 시나리오 작성 과정에서도 핵심적으로 사용된다. NLP는 텍스트 데이터에서 의미를 파악하고, 이를 바탕으로 적절한 문장을 생성하거나 질문에 답하는 등 다양한 작업을 수행한다.

나. 시나리오 작성에 AI가 어떻게 기여 하는가?

AI는 시나리오 작성에 있어 혁신적인 도구로 자리 잡고 있으며, 다양한 방식으로 작가들에게 도움을 주고 있다. AI의 기본 원리는 방대한 데이터를 학습하고, 그 데이터를 바탕으로 패턴을 찾아내어 예측과 결정을 내리는 것이다. AI는 많은 양의 텍스트 데이터를 분석하여 이전의 시나리오와 비교한 후, 새로운 시나리오를 생성하는 능력을 갖추고 있다. 또 영화의 특정 장면을 설명하거나 대화를 작성하는 데 있어 AI는 효율적으로 작동하며, 수많은 변형된 대사나 상황을 제시함으로써 작가에게 여러 가지 창의적인 선택지를 제공한다. 이러한 기술은 작가의 창의적 부담을 덜어주고 더 나은 아이디어를 도출하는 데 도움을 준다.

AI의 가장 큰 장점 중 하나는 속도와 효율성이다. 전통적인 시나리오 작성은 많은 시간이 소요되며, 아이디어를 처음부터 끝까지 개발하는 데는 오랜 시간이 필요하다. 그러나 AI는 이미 학습한 데이터를 바탕으로 빠르게 시나리오 초안을 생성할 수 있다. 특히 대규모 프로젝트나 TV 드라마 시리즈와 같은 연속성 있는 스토리라인을 요구하는 작업에서 AI는 여러 플롯을 동시에 발전시키거나 각기 다른 에피소드를 빠르게 완성할 수 있다. 이러한 자동화는 작가가 더 창의적이고 중요한 작업에 집중할 수 있도록 돕는다. 게다가, AI는 기존의 시나리오를 분석하고 이를 개선하는 데 탁월한 능력을 발휘한다. AI는 논리적인 오류를 찾아내거나 사건 전개의 흐름이 부자연스러운 경우, 이를 감지하고 수정할 수 있다. 이는 스토리의 일관성을 유지하고 캐릭터의 개연성을 높이는 데 중요한 역할을 한다.

AI는 또한 트렌드 분석을 통해 시나리오 개선에 이바지한다. 현재 시장에서 어떤 유형의 이야기가 인기를 끌고 있는지, 어떤 플롯이 관객에게 더 흥미롭게 다가갈 수 있는지 분석함으로써 AI는 더 대중적인 시나리오를 제안할 수 있다. 또한, AI는 다양한 문화적 배경을 반영하여 다국적 관객에게 맞춤형 스토리를 제공할 수 있는 능력을 갖추고 있어, 세계화에 중요한 역할을 하고 있다. 하지만 특정 문화나 성별에 대한 편견이 반영된 데이터를 학습한 AI는 그와 같은 편견을 재생산할 가능성이 있다.

따라서 AI가 제시하는 시나리오는 항상 인간의 검토와 수정이 필요하며, 완전히 독립적으로 사용될 수는 없다. AI는 인간 작가의 창의성과 결합 될 때 비로소 그 가치를 극대화할 수 있다. 앞으로도 AI는 시나리오 작성에서 중요한 도구로 자리 잡을 것이며, 더욱 다양한 창작 방식이 등장할 것이다. 이러한 변화는 스토리텔링의 가능성을 확장 시키고, 새로운 시대의 창작 방식을 이끄는 중요한 역할을 할 것이다.

3. AI 시나리오 제작 도구와 플랫폼

가. AI 시나리오 작성에 필요한 도구들

AI 시나리오 작성에 필요한 도구들은 창작자의 업무를 크게 혁신하고 있다. 이들 도구는 기존에 수동으로 이루어지던 작업을 자동화함으로써 창작자의 창의적 잠재력을 극대화하며, 시나리오 작성 과정에서 시간과 노력을 절약하는 데 이바지한다. 시나리오 작성은 매우 복잡한 과정이며, 다양한 요소들(예를 들어 플롯 구상, 캐릭터 설정, 대화 작성)이 유기적으로 맞물려야 한다. AI 기반 도구들은 이러한 복잡한 과정에서 작가가 놓칠 수 있는 세부 사항을 보완하고, 새로운 영감을 제공함으로써 창작자가 더 창의적으로 작업할 수 있도록 돕는다. 대표적인 AI 시나리오 작성 도구로는 Jasper, Sudowrite, 그리고 Simplified를 꼽을 수 있다. 이들은 모두 텍스트 생성 기능을 바탕으로 하여, 창작자가 제시하는 간단한 입력(프롬프트)을 기반으로 풍부한 시나리오를 자동으로 생성해준다.

Jasper는 광고와 마케팅 콘텐츠에서 특히 주목받는 도구로, 사용자가 몇 개의 키워드만 입력해도 적합한 문구를 제안하고, 상황에 맞는 이야기를 만들어낸다. Jasper는 매우 직관적인 인터페이스를 제공하여 사용자가 쉽게 창작 과정을 시작할 수 있게 도와준다. Sudowrite는 소설이나 시나리오와 같은 서사적 콘텐츠에 최적화되어 있다. 이 도구는 작가의 스타일에 맞춘 글쓰기 옵션을 제공하며, 기존 텍스트를 바탕으로 더 많은 문장을 생성하거나, 플롯을 확장하고 대화를 자연스럽게 연결할 수 있는 기능을 갖추고 있다. 이처럼 Sudowrite는 창작자가 텍스트를 더 풍부하게 다듬을 수 있도록 지원하는 데 탁월하다. 마지막으로 Simplified는 블로그, 광고, 시나리오 등 다양한 유형의 콘텐츠를 지원하는 다재다능한 도구다. Simplified는 짧은 문장 생성에서부터 복잡한 시나리오 작성까지 폭넓은 기능을 제공하며, G2와 같은 전문 평가 플랫폼에서도 그 기능과 효율성을 인정받고 있다.

AI 도구들은 단순히 텍스트를 생성하는 데 그치지 않는다. 그들은 창작자가 작업의 초기 단계부터 최종 마무리까지 모든 과정을 지원하며, 복잡한 창작 과정을 간소화한다. 예를 들어, AI 도구들은 시나리오의 각 단계에서 사용자의 피드백을 받아들여 결과물을 개선하는 기능을 갖추고 있다. 창작자는 시나리오의 전개나 대화가 부족하다고 느낄 때, AI에게 이를 보완하도록 지시할 수 있다. 이러한 상호작용은 AI가 단순한 자동화 도구를 넘어, 창작 과정에서 적극적인 파트너 역할을 하도록 만든다. 특히 창작자는 AI가 제공하는 여러 가지 대안

중에서 자신에게 맞는 방향을 선택함으로써, 더 창의적인 결과물을 만들어낼 수 있다.

AI 시나리오 작성 도구들의 또 다른 큰 장점은 "속도와 효율성"이다. 시나리오 작성은 본래 상당한 시간이 소요되는 작업이다. 하나의 아이디어가 완성된 스토리로 구체화되기까지는 많은 수정과 검토 과정이 필요하며, 이는 작가에게 큰 부담으로 다가온다. 그러나 AI는 이러한 과정에서 중요한 부분을 자동화함으로써, 작업 시간을 크게 줄여준다. AI는 대량의 데이터를 처리하고, 그 안에서 반복되는 패턴을 학습함으로써 새로운 아이디어를 빠르게 도출할 수 있다. 예를 들어, AI는 사용자가 제공한 텍스트를 분석하고, 그 텍스트에 맞는 다음 사건을 예측하거나, 캐릭터의 행동을 제안함으로써 빠르게 플롯을 확장할 수 있다. 이로 인해 창작자는 더 적은 시간에 더 많은 스토리를 구상할 수 있으며, 창의적인 작업에 더욱 집중할 수 있다. 더 나아가, AI 도구들은 창작자가 놓칠 수 있는 세부적인 부분까지 세밀하게 다듬어준다.

AI는 학습한 방대한 데이터와 패턴을 기반으로 논리적인 오류를 잡아내고, 문맥에 맞지 않는 부분을 수정할 수 있다. 예를 들어, 등장인물 간의 대화가 부자연스럽거나 사건 전개가 논리적으로 맞지 않을 때, AI는 이를 감지하고 수정할 수 있다. 이는 특히 복잡한 플롯을 다루거나 다수의 캐릭터가 등장하는 시나리오에서 매우 유용하다. AI는 등장인물 간의 대화가 일관성 있게 유지되도록 도와주고, 각 캐릭터의 성격에 맞는 대사를 생성함으로써 이야기를 더욱 풍부하고 설득력 있게 만든다.

AI 시나리오 작성 도구는 또한 다양한 장르와 스타일에 맞는 맞춤형 콘텐츠를 생성할 수 있다는 장점이 있다. AI는 다양한 장르의 텍스트 데이터를 학습하기 때문에, 로맨스, 액션, 코미디 등 각기 다른 장르의 요구사항을 충족하는 시나리오를 자동으로 생성할 수 있다. 예를 들어, 로맨스 소설에서 필요한 감정 표현이나 서정적인 대사, 액션 영화에서 중요한 긴장감 넘치는 사건 전개 등 AI는 장르별 특성을 반영한 스토리를 만들어낼 수 있다. 이처럼 AI는 창작자의 요구에 맞는 스토리를 자동으로 제안하고, 이를 바탕으로 창작자는 더욱 정교한 작업을 할 수 있게 된다.

결론적으로, AI 시나리오 작성 도구들은 창작 과정의 여러 측면에서 혁신을 가져왔다. 이 도구들은 자동화된 텍스트 생성 기능을 제공하여 창작자에게 새로운 아이디어를 제안하거나, 시나리오를 더 빠르고 효율적으로 완성할 수 있도록 돕는다. 또 AI는 논리적인 오류를 잡아내고, 창작자가 놓칠 수 있는 세부적인 부분을 보완하는 역할도 한다. 속도와 효율성, 그리고 창작자의 창의성을 극대화하는 AI 도구들은 시나리오 작성뿐만 아니라, 다양한 창작 분야에서 그 가능성을 넓혀가고 있다. AI가 제공하는 강력한 기능을 통해 창작자들은 더욱 풍부하고 다채로운 이야기를 만들어낼 수 있으며, 이는 AI 기술이 창작 과정에서 필수적인 도구로 자리 잡게

하는 요인이 되었다.

나. 주요 AI 플랫폼과 그 특징

AI 시나리오 제작에서 주요 AI 플랫폼과 그 특징은 현대 창작 산업의 혁신을 주도하는 중요한 요소로 자리 잡고 있다. 다양한 AI 플랫폼은 창작자가 더 빠르고 효율적으로 작업할 수 있도록 도와주며, 특히 복잡한 시나리오 작성 과정에서 시간과 노력을 절약하는 데 크게 기여 한다. 이러한 플랫폼은 AI가 데이터를 학습하고, 새로운 정보를 생성하는 능력을 활용하여 사용자에게 맞춤형 솔루션을 제공한다. 각 플랫폼은 저마다의 장점과 독특한 기능이 있으며, 창작자에게 다양한 선택지를 제공한다. 가장 주목받는 AI 플랫폼 중 하나는 Google AI 이다.

Google AI는 다양한 머신러닝 API를 제공하며, 텍스트 생성, 자연어 처리(NLP), 이미지 인식 등의 기능을 손쉽게 활용할 수 있는 환경을 마련해 준다. Google AI는 이미 전 세계적으로 다양한 분야에서 사용되고 있으며, 창작자들이 시나리오 작성뿐만 아니라 대규모 데이터 분석 작업에서도 사용할 수 있다. 이 플랫폼의 가장 큰 장점은 강력한 클라우드 컴퓨팅 인프라를 통해 많은 양의 데이터를 빠르고 효율적으로 처리할 수 있다는 점이다. 이를 통해 복잡한 시나리오나 창의적인 콘텐츠를 신속하게 생성할 수 있으며, 창작자는 작업 속도와 품질을 모두 향상할 수 있다.

또 다른 주요 AI 플랫폼은 IBM Watson이다. IBM Watson은 자연어 처리와 대화형 AI 기능에 강점이 있으며, 기업 환경에서 특히 많은 활용도를 보인다. IBM Watson은 데이터 기반의 언어 분석과 자동화된 스크립트 생성 도구를 제공함으로써, 시나리오 작성에 필요한 복잡한 언어적 작업을 간소화한다. 예를 들어, IBM Watson은 영화나 드라마 시나리오 작성에서 등장인물 간의 대화를 자동으로 구성하거나, 특정 상황에 맞는 대사를 제안하는 기능을 제공할 수 있다. 또한, Watson은 감정 분석 기능을 통해 대화의 돈과 분위기를 파악하고, 이를 기반으로 더 자연스러운 대화를 생성할 수 있다. 이러한 기능은 특히 대화가 중요한 시나리오에서 매우 유용하게 사용된다.

OpenAI의 GPT-4는 자연어 처리 분야에서 가장 강력한 언어 모델 중 하나로 꼽힌다. GPT-4는 수많은 텍스트 데이터를 학습하여 거의 인간에 가까운 수준의 텍스트를 생성할 수 있는 능력이 있다. 특히 시나리오 작성에서 GPT-4는 간단한 프롬프트만으로도 복잡한 줄거리, 대사, 사건 전개 등을 자동으로 생성할 수 있으며, 그 과정에서 논리적인 흐름과 자연스러운 문맥을 유지하는 데 탁월하다. GPT-4는 시나리오 작성뿐만 아니라 소설, 기사, 블로그 글쓰기 등 다양한 텍스트 기반 작업에 활용될 수 있으며, 창작자들이 새로운 아이디어를 빠르게 구상하고 이를 구체화하는 데 큰 도움을 준다. 이 플랫폼의 가장 큰 강점은 고도로 발전된 언어 모델 덕분에 사용자가 최소한의 입력만으로도 완성도 높은 텍스트를 얻을 수 있다는 점이다. 따라서 시나리오 작성에서 시간과 노력을 크게 줄일 수 있는 도구로 많은 인기를 끌고 있다.

Microsoft Azure의 AI 서비스도 주요 AI 플랫폼 중 하나로, 다양한 자연어 처리 도구와 텍스트 분석 기능을 제공한다. Azure AI는 대규모 기업 환경에서 사용되는 만큼, 시나리오 작성뿐만 아니라 비즈니스 분석, 고객 서비스 대화 생성 등 여러 방면에서 활용될 수 있는 기능을 갖추고 있다. Azure의 인공지능 서비스는 클라우드 기반으로 제공되며, 이를 통해 사용자는 언제 어디서나 쉽게 접근할 수 있다. 특히 시나리오 작성에서는 Azure AI의 텍스트 분석 기능을 통해 대본의 논리성을 검토하거나 등장인물 간의 대화에서 감정 표현을 분석하는 데 유용하다. Azure의 강력한 분석 도구는 시나리오의 완성도를 높이는 데 큰 역할을 하며, 창작자가 더욱 정교하고 논리적인 스토리를 구성할 수 있도록 돕는다.

Facebook AI Research도 창작에 있어 중요한 플랫폼으로 자리 잡고 있다. Facebook은 주로 사회적 상호작용과 관련된 데이터를 바탕으로 AI 모델을 개발해 왔으며, 이를 통해 소셜 미디어 콘텐츠 생성이나 대화형 스크립트 작성에 도움이 된다. Facebook의 AI 플랫폼은 사용자 경험과 상호작용을 극대화하는 데 중점을 두고 있어, 창작자가 대중과의 소통을 염두에 둔 스토리텔링을 할 때 매우 유용하다. 이 플랫폼은 개인화된 경험을 제공하기 위한 맞춤형 시나리오를 작성할 수 있는 기능을 갖추고 있으며, 이를 통해 사용자는 타겟 그룹의 취향에 맞춘 콘텐츠를 제작할 수 있다. 예를 들어, 특정 관객층을 대상으로 한 광고 시나리오를 작성할 때, Facebook AI는 관련 데이터를 분석하여 그들에게 적합한 메시지를 제안할 수 있다.

마지막으로, Amazon Web Services(AWS)의 AI 서비스도 창작자들에게 강력한 도구로 활용되고 있다. AWS는 머신러닝 모델을 학습하고, 이를 기반으로 다양한 텍스트 생성 작업을 지원하는 플랫폼을 제공한다. AWS는 특히 확장성 있는 클라우드 인프라를 통해 대규모 데이터를 처리할 수 있는 능력을 제공하며, 이를 통해 사용자는 복잡한 시나리오 작성 작업도 효율적으로 처리할 수 있다. AWS는 영화, TV 프로그램, 게임과 같은 콘텐츠 제작 분야에서 많이 사용되며, 다양한 언어 모델을 통해 다국어 시나리오 작성에도 유용하다. AWS의 AI 플랫폼은 또한 다양한 API를 제공하여 사용자가 필요에 맞게 기능을 커스터마이징할 수 있는 유연성을 제공한다.

결론적으로, 주요 AI 플랫폼들은 시나리오 작성에 있어 매우 유용한 도구로 자리 잡고 있으며, 각각의 플랫폼이 제공하는 독특한 기능을 통해 창작자들은 더 효율적이고 창의적인 작업을 할 수 있다. 이러한 AI 플랫폼들은 각기 다른 장점을 통해 창작자들이 새로운 방식으로 작업을 수행하고, 더 풍부한 창작물을 만들어내는 데 중요한 역할을 하고 있다.

4. 캐릭터 디자인과 AI의 역할

가. AI를 이용한 캐릭터 디자인 방법

캐릭터 디자인은 스토리텔링에서 매우 중요한 요소 중 하나이다. 매력적이고 개성 있는 캐릭터는 독자나 관객의 공감을 끌어내고, 이야기 속에서 살아 숨 쉬는 존재로서 이야기를 이끌어나가는 힘을 가진다. 전통적으로 캐릭터 디자인은 인간 작가나 디자이너의 상상력에 크게 의존해왔으나, 인공지능(AI)의 발전으로 인해 캐릭터 디자인의 과정이 더 체계적이고 효율적으로 변화하고 있다. AI는 방대한 데이터를 분석하고 패턴을 학습하는 능력을 통해, 독창적이면서도 설득력 있는 캐릭터를 디자인하는 데 도움이 되며, 이러한 캐릭터 간의 상호작용을 더욱 생동감 있게 만들어 줄 수 있다.

먼저 AI를 이용한 캐릭터 디자인 방법에 대해 살펴보자. AI는 텍스트, 이미지, 비디오와 같은 다양한 데이터를 학습하여 새로운 캐릭터 디자인을 자동으로 생성할 수 있는 도구로 활용된다. 이를 통해 창작자는 기존에 없던 캐릭터를 빠르게 구상하고 구체화할 수 있다. 예를 들어, AI는 수천 개의 영화, 게임, 소설 속 캐릭터 데이터를 분석하여 어떤 특성이 성공적인 캐릭터를 만드는지 파악한 후, 그 패턴을 바탕으로 새로운 캐릭터를 제안할 수 있다. AI는 캐릭터의 성격, 외형, 배경 스토리까지 종합적으로 설계할 수 있으며, 이를 통해 창작자는 시간과 자원을 절약하면서도 독창적인 캐릭터를 만들 수 있다.

AI 기반 캐릭터 디자인에서 가장 중요한 도구 중 하나는 기계 학습이다. 기계 학습을 통해 AI는 다양한 캐릭터 데이터를 학습하고, 그 데이터를 바탕으로 새로운 캐릭터의 외형이나 성격을 생성할 수 있다. 예를 들어, 특정 장르에서 인기를 끄는 캐릭터 유형을 분석한 AI는 이를 바탕으로 새로운 캐릭터를 창조할 수 있으며, 창작자는 AI가 제안한 여러 가지 디자인 중에서 원하는 방향을 선택할 수 있다. 기계 학습을 통해 AI는 캐릭터의 외형적 특성뿐만 아니라, 그 캐릭터가 이야기 속에서 어떤 역할을 해야 하는지에 대한 설계도 할 수 있다. 이로 인해 캐릭터 디자인 과정이 더 논리적이고 체계적으로 이루어지며, 창작자는 단순히 외형만이 아니라, 이야기와 잘 어우러지는 캐릭터를 만들어낼 수 있다.

또한, AI는 텍스트 분석 및 자연어 처리 기술을 이용하여 캐릭터의 대사나 행동 방식을 설계할 수 있다. 예를 들어, AI는 캐릭터의 성격이나 배경에 맞는 대사를 자동으로 생성하여 캐릭터가 상황에 적합한 말을 할 수 있도록 돕는다. 이는 단순히 대사를 만들어내는 것을 넘어, 캐릭터가 이야기의 흐름 속에서 자연스럽게 상호작용하고, 그들의 감정과 성격이 드러나도록 하는 데 중요한 역할을 한다. AI는 각 캐릭터가 이야기 속에서 일관된 성격을 유지하면서도, 다양한 상황에서 유연하게 반응할 수 있도록 도와준다. 이처럼 AI는 캐릭터의 말과 행동을 설계함으로써 이야기 속에서 그들이 더욱 생동감 있고 설득력 있게 표현될 수 있도록 한다.

나. 캐릭터 간 상호작용을 위한 AI 활용

AI는 또한 캐릭터 간의 상호작용을 더욱 풍부하게 만드는 데 중요한 역할을 한다. 복잡한 이야기 속에서 다양한 캐릭터가 상호작용할 때, 그들의 행동과 대화가 자연스럽고 일관되게 연결되는 것은 매우 중요하다. AI는 캐릭터 간의 상호작용을 자동으로 설계하고, 각 캐릭터가 상황에 맞게 반응하도록 도울 수 있다. 예를 들어, AI는 두 캐릭터가 서로 대립하는 상황에서 적절한 긴장감 있는 대화를 만들어낼 수 있으며, 반대로 감정적인 순간에는 캐릭터 간의 깊은 유대감을 표현하는 대사를 제시할 수 있다. 이러한 상호작용은 이야기의 몰입감을 높이고, 관객이나 독자가 캐릭터와 더 깊이 공감할 수 있도록 만든다.

AI는 특히 대규모 프로젝트에서 다수의 캐릭터가 등장하는 이야기에서 그 진가를 발휘한다. 여러 캐릭터가 등장하는 복잡한 스토리라인에서 각 캐릭터가 상호작용하는 방식은 이야기의 흐름에 큰 영향을 미친다. AI는 이 과정에서 캐릭터 간의 상호작용을 미리 시뮬레이션하고, 그 결과를 바탕으로 플롯을 조정할 수 있다. 예를 들어, AI는 주인공과 조연 간의 관계를 분석하고, 그 관계가 어떻게 발전하는지에 따라 사건 전개의 방향을 제시할 수 있다. 이를 통해 창작자는 이야기 속에서 캐릭터 간의 관계를 더욱 유기적이고 논리적으로 전개할 수 있다.

또한, AI는 캐릭터의 감정 상태를 분석하고, 그에 맞는 반응을 제안할 수 있는 능력을 갖추고 있다. AI는 캐릭터가 특정 상황에서 느낄 수 있는 감정의 범위를 예측하고, 그 감정에 적합한 행동이나 대사를 설계할 수 있다. 이는 특히 감정 표현이 중요한 드라마나 로맨스 장르에서 유용하게 사용될 수 있다. 예를 들어, AI는 갈등 상황에서 캐릭터가 느낄 수 있는 다양한 감정(분노, 슬픔, 실망 등)을 고려하여, 그에 맞는 적절한 반응을 생성할 수 있다. 이는 단순히 캐릭터가 감정을 표현하는 것을 넘어서, 그들의 감정 변화가 이야기의 전개와 일관되게 연결되도록 돕는다. AI는 이러한 캐릭터 디자인과 상호작용을 통해 스토리텔링의 효율성을 크게 높인다. 창작자는 AI의 도움을 받아 더 많은 캐릭터를 동시에 다룰 수 있으며, 각 캐릭터가 이야기 속에서 자신의 역할을 자연스럽게 수행할 수 있도록 설계할 수 있다.

AI는 캐릭터 간의 복잡한 상호작용을 미리 시뮬레이션함으로써, 이야기 전개 과정에서 발생할 수 있는 논리적 오류를 줄여준다. 이는 특히 다중 플롯이나 복잡한 서사 구조를 가진 이야기에서 중요한 역할을 한다. AI는 창작자가 놓칠 수 있는 세부적인 부분까지 세밀하게 분석하고, 이를 보완하여 더욱 완성도 높은 이야기를 만들어낼 수 있도록 돕는다.

다시 말해서 AI는 캐릭터 디자인과 상호작용 설계에서 매우 중요한 도구로 자리 잡고 있다. AI는 캐릭터의 외형, 성격, 대사, 행동 방식을 자동으로 설계하며, 캐릭터 간의 상호작용을 더욱 풍부하고 자연스럽게 만들어준다. 이를 통해 창작자는 시간과 자원을 절약하면서도, 보다 창의적이고 매력적인 캐릭터를 설계할 수 있으며, 스토리 속에서 그들이 자연스럽게 어우러질 수 있도록 돕는다. 앞으로도 AI는 캐릭터 디자인과 상호작용 설계에서 더욱 중요한 역할을 하게 될 것이며, 이를 통해 스토리텔링의 가능성은 더욱 확장될 것이다.

5. AI 시나리오에서의 윤리적 고려

가. AI 시나리오의 윤리적 문제와 해결 방안

AI 시나리오에서 윤리적 문제는 점점 더 중요해지고 있다. AI는 방대한 데이터를 학습하여 시나리오를 자동으로 생성하거나 보완하는 도구로서 매우 유용하지만, 이 과정에서 발생하는 윤리적 문제의 딜레마는 간과할 수 없는 중요한 문제로 대두되고 있다. AI가 만들어내는 콘텐츠가 사회적 영향력을 지닐수록, 그 안에 포함된 편향성, 차별, 개인정보 침해, 창작자의 권리문제 등 다양한 윤리적 쟁점들이 부각 된다. 이러한 문제들을 해결하기 위해서는 기술적, 법적, 사회적 대응이 필요하다.

우선, AI 시나리오에서 가장 두드러진 윤리적 문제는 편향성이다. AI는 데이터를 기반으로 학습하기 때문에, 그 데이터가 편향되어 있으면 AI가 생성하는 시나리오 역시 편향된 관점을 반영하게 된다. 예를 들어, 인종, 성별, 문화에 대한 고정관념이 포함된 데이터를 학습한 AI는 차별적이거나 편협한 시나리오를 만들어낼 수 있다. 이는 소설, 영화, 광고 등 대중에게 큰 영향을 미치는 콘텐츠에서 심각한 문제를 일으킬 수 있다. AI가 생성한 캐릭터가 특정 성별이나 인종을 왜곡되게 묘사하거나, 특정 문화에 대한 부정적 고정관념을 강화할 위험이 존재한다. 이를 해결하기 위해서는 AI가 학습하는 데이터의 품질을 높이고, 다양한 관점을 반영한 균형 잡힌 데이터를 제공하는 것이 필수적이다. AI가 편향된 데이터를 학습하지 않도록 다양한 배경과 경험을 반영한 데이터를 선택적으로 제공하는 것이 편향성 문제를 줄이는 첫 번째 해결책이다.

또한, AI 시나리오에서 저작권 및 창작자의 권리문제도 중요한 윤리적 이슈로 떠오르고 있다. AI가 방대한 텍스트 데이터를 학습할 때, 그 데이터에는 기존 창작자들의 작품이 포함될 수 있다. 이러한 작품들을 기반으로 AI가 새로운 시나리오를 생성할 때, 그 과정에서 원작자의 권리가 침해될 가능성이 있다. 예를 들어, AI가 특정 작가의 스타일을 모방하거나, 기존 작품에서 영감을 받아 생성한 콘텐츠가 원작과 유사할 경우, 창작자의 저작권을 침해하는 문제가 발생할 수 있다. 이 문제를 해결하기 위해서는 AI가 학습하는 데이터에 대한 명확한 저작권 규정이 필요하며, AI가 생성한 콘텐츠가 원작자의 권리를 침해하지 않도록 법적 장치가 마련되어야 한다. 창작자의 권리를 보호하면서도 AI의 창의적 활용을 장려할 수 있는 균형 잡힌 법적 프레임워크가 요구된다.

AI로 인한 개인정보 침해 역시 중요한 윤리적 고려 사항이다. AI는 시나리오를 생성하기 위해 사용자로부터 제공된 데이터를 학습하고 분석한다. 이 과정에서 개인정보가 포함될 수 있으며, 이를 적절히 보호하지 않으면 개인의 사생활이 침해될 가능성이 크다. 특히 AI가 생성한 시나리오에 개인의 이름, 습관, 생활 양식 등이 무의식적으로 반영되는 경우, 이러한 개인정보 유출은 큰 논란을 일으킬 수 있다. 이를 방지하기 위해서는 AI가 학습하는 데이터에서 개인정보가 철저히 익명화되어야 하며, 사용자의 동의 없이 민감한 정보를 수집하거나 활용하지 않도록 엄격한 관리가 필요하다. 더 나아가, AI가 생성하는 모든 콘텐츠에 대해 개인정보 보호 규정을 명확히 하고, 이를 준수하는 시스템을 구축하는 것이 필수적이다.

또한, AI 시나리오에서 중요한 윤리적 딜레마는 창작의 주체성 문제이다. 전통적으로 창작은 인간 고유의 영역으로 여겨져 왔다. 그러나 AI가 점차 창작 과정에서 중요한 역할을 하게 되면서, AI가 생성한 콘텐츠의 창작자가 누구인지에 대한 질문이 발생한다. AI가 주도적으로 작성한 시나리오는 과연 창작자의 작품으로 볼 수 있는가, 아니면 AI가 새로운 창작자로 인정받아야 하는가? 이러한 윤리적 딜레마는 창작물의 소유권과 관련된 복잡한 문제로 이어지며, AI가 창작에 얼마나 개입했는지에 따라 그 판단이 달라질 수 있다. 이 문제를 해결하기 위해서는 AI의 역할을 명확히 정의하고, 창작자와 AI 간의 창작 기여도를 구체적으로 규정하는 기준이 필요하다. 예를 들어, AI가 창작 과정에서 단순한 도구로 사용되었는지, 아니면 창의적 아이디어를 도출하는 데 주도적인 역할을 했는지에 따라 그 권리와 책임을 구분하는 것이 바람직하다.

나. AI로 인한 윤리적 딜레마와 대응

AI로 인한 윤리적 딜레마 중 하나는 인간의 창의성을 대체 가능성에 대한 우려이다. AI가 더욱 정교해짐에 따라, 인간의 창작 활동이 점차 감소하고 AI가 그 자리를 차지할 수 있다는 걱정이 제기된다. AI는 방대한 데이터를 빠르게 분석하고, 그 안에서 패턴을 찾아내어 새로운 아이디어를 제시하는 능력이 탁월하다. 이는 창작자에게 큰 도움이 되지만, 동시에 인간의 창의성이 AI에 의해 위축될 가능성도 존재한다. 만약 AI가 상업적으로 성공하는 시나리오를 대량으로 생산하게 된다면, 인간 작가들의 창작 기회가 줄어들고, 그 결과로 독창적인 콘텐츠의 다양성이 감소할 수 있다. 이를 해결하기 위해서는 AI가 창작자의 창의적 도구로 활용되도록 하는 사회적•제도적 장치가 필요하다. AI는 인간의 창의성을 대체하는 것이 아니라, 이를 보완하고 확장하는 방향으로 사용되어야 하며, 인간과 AI가 협력하여 더 나은 창작물을 만들어내는 것이 이상적이다.

AI의 투명성과 책임성에 대한 윤리적 딜레마도 크다. AI는 복잡한 알고리즘을 기반으로 작동하기 때문에, 그 결정 과정이 일반 사용자에게는 불투명할 수 있다. 이는 AI가 잘못된 결정을 내렸을 때, 그 책임이 누구에게 있는지를 명확히 하기가 어려운 문제를 발생시킨다. 따라서 AI의 결정 과정이 투명하게 공개되고, 문제가 발생했을 때 그 책임 소재가 분명히 할 수 있는 법적 장치가 필요하다. 이를 위해 AI 개발 단계에서부터 윤리적 고려를 반영한 알고리즘 설계가 이루어져야 하며, 사용자에게 AI의 작동 원리를 이해할 수 있도록 하는 교육도 필수적이다.

마지막으로, AI의 도덕적 판단 능력에 대한 문제도 윤리적 딜레마로 대두되고 있다. AI는 도덕적 가치나 인간의 복잡한 감정을 이해하는 데 한계가 있다. AI는 단순히 데이터 기반의 최적 해법을 제시할 수 있지만, 인간적인 공감이나 윤리적 판단을 내리기는 어렵다. 이러한 문제를 해결하기 위해서는 AI가 내리는 결정에 인간의 윤리적 판단이 필수적으로 개입할 수 있는 시스템이 필요하다. AI가 제시하는 해법이 도덕적 관점에서 옳은지 검토하는 인간 전문가의 역할이 더욱 중요해진다.

즉 AI 시나리오에서의 윤리적 문제는 AI 기술이 창작 과정에서 점점 더 중요한 역할을 차지함에 따라 필수적인 문제로 대두되고 있다. AI는 창작의 효율성을 높이고 새로운 가능성을 열어주지만, 편향성, 저작권 침해, 개인정보 보호, 창작 주체성 등 다양한 윤리적 쟁점을 내포하고 있다. 이러한 문제들을 해결하기 위해서는 AI의 학습 데이터에 대해 관리와 규제가 필요하며, 창작자의 권리를 보호하면서 AI의 창의적 활용을 촉진할 수 있는 법적·사회적 대응이 필수적이다. 또한, AI는 인간의 창의성을 대체하는 것이 아니라, 이를 보완하고 지원하는 도구로써 사용되어야 한다. AI와 인간의 협력이 창의적 결과물을 더욱 풍부하게 만들 가능성을 염두에 두면서, 윤리적 문제를 적극적으로 해결하는 것이 앞으로의 중요한 과제이다.

6. AI 시나리오 테스트 및 개선

가. AI 시나리오의 테스트 방법

AI 시나리오의 테스트 및 개선 과정은 AI가 생성한 스토리의 품질을 보장하고, 최종 결과물이 더욱 정교하고 일관성 있게 전달될 수 있도록 하는 중요한 단계이다. AI가 자동으로 시나리오를 생성하는 능력은 매우 효율적이지만, 그 결과물이 항상 완벽하거나 기대에 부합하는 것은 아니다. 따라서 AI가 만든 시나리오를 테스트하고, 그 과정에서 피드백을 받아 지속해서 개선하는 과정이 필수적이다. 이 과정을 통해 AI는 더욱 정교하고 유연한 창작 도구로 발전할 수 있으며, 창작자는 AI의 도움을 받아 더욱 창의적이고 완성도 높은 스토리를 만들어낼 수 있다. 먼저 AI 시나리오의 테스트 방법은 다양한 요소를 고려해 이루어진다.

시나리오는 이야기의 구조, 캐릭터의 일관성, 플롯의 논리성 등 여러 가지 측면에서 평가될 수 있다. 이 과정에서 가장 중요한 것은 AI가 생성한 시나리오가 전체적인 맥락에서 자연스럽고 일관된 흐름을 유지하는지 확인하는 것이다. AI는 방대한 데이터를 학습하여 특정 패턴을 기반으로 시나리오를 생성하지만, 그 결과물이 항상 논리적이거나 감정적으로 연결되지 않을 수 있다. 따라서 시나리오 테스트는 AI가 생성한 스토리가 독자가 쉽게 이해할 수 있는지, 이야기의 전개가 논리적이고 감정적으로 설득력 있는지에 중점을 두고 이루어진다.

테스트 과정에서 플롯과 캐릭터의 일관성도 중요한 평가 요소이다. AI는 개별 사건을 자동으로 생성할 수 있지만, 이 사건들이 전체 이야기의 흐름과 잘 맞아떨어지는지 확인하는 것이 중요하다. 예를 들어, 스토리 중간에 등장인물의 성격이 갑작스럽게 변하거나, 사건 전개가 비논리적으로 빠르게 이루어진다면, 이는 시나리오의 일관성을 해치는 요소가 될 수 있다. 이러한 문제를 해결하기 위해 AI 시나리오를 다양한 시나리오 작성 기법에 맞춰 테스트하고, 이를 개선하는 과정을 반복해야 한다. 이를 위해 AI가 생성한 시나리오를 여러 가지 시뮬레이션을 통해 검증하고, 다양한 상황에서 캐릭터와 플롯이 어떻게 작동하는지 확인할 수 있다.

테스트 방법의 하나는 A/B 테스트이다. A/B 테스트는 AI가 생성한 여러 버전의 시나리오를 비교하는 방식으로 이루어진다. 예를 들어, 같은 스토리라인에서 두 가지 다른 플롯 전개 방식이나 대사 패턴을 제시하고, 그중 어떤 버전이 더 효과적인지 평가할 수 있다. A/B 테스트는 단순히 이야기의 선호도를 평가하는 것을 넘어서, 이야기의 전개 속도나 감정적 흐름이 어떻게 변하는지, 독자나 시청자가 어떤 부분에서 더 큰 감정적 반응을 보이는지를 분석하는 데 유용하다. 이러한 테스트 결과를 바탕으로 AI 시나리오는 더욱 정교하게 다듬어질 수 있다.

나. AI의 피드백을 통한 시나리오 개선

AI 피드백을 통한 시나리오 개선은 테스트 결과를 바탕으로 이루어진다. AI는 테스트에서 얻은 피드백을 학습하고, 그에 따라 시나리오를 수정하는 능력을 갖추고 있다. AI가 만들어낸 스토리는 때로는 인간이 기대하는 감정적 또는 논리적 깊이를 충족하지 못할 수 있는데, 이때 피드백을 통해 AI는 더 나은 결과물을 도출할 수 있다. 예를 들어, 특정 장면에서 감정 표현이 부족하거나 캐릭터 간의 대화가 부자연스러울 경우, 이러한 피드백을 AI가 학습하여 다음 버전의 시나리오에서 더 자연스럽고 감정적으로 풍부한 장면을 만들어낼 수 있다. AI는 반복 학습을 통해 점점 더 개선된 시나리오를 생성할 수 있으며, 이 과정은 지속적인 피드백과 개선을 통해 이루어진다.

AI 피드백의 또 다른 중요한 측면은 반복 학습과 자동화된 수정이다. AI는 이전 테스트에서 발생한 문제를 기억하고, 이를 토대로 새로운 시나리오를 생성할 때 같은 오류를 피하는 방식으로 학습한다. 이러한 반복 학습 과정은 AI가 점점 더 인간적인 스토리텔링을 할 수 있도록 만들며, 시나리오의 질을 꾸준히 향상하는 데 이바지한다. 이때 창작자는 AI가 수정한 시나리오를 다시 검토하고, 필요에 따라 추가적인 피드백을 제공하여 최종 결과물을 완성해 나간다.

또한, AI 피드백은 독자나 시청자의 반응을 분석하여 시나리오를 개선하는 데도 사용될 수 있다. AI는 다양한 데이터를 분석하여 독자나 시청자가 어떤 요소에 더 큰 반응을 보이는지, 어느 부분에서 이야기에 더 몰입하는지를 파악할 수 있다. 예를 들어, 특정 장면에서 감정적인 반응이 극대화되거나, 플롯의 전개가 느리다고 느껴지는 부분이 있다면, 이러한 피드백을 통해 AI는 다음 시나리오에서 그 부분을 수정하거나 더욱 강화할 수 있다. 이러한 방식으로 AI는 독자나 시청자의 피드백을 실시간으로 반영하여 이야기를 점점 더 맞춤형으로 발전시킬 수 있다. AI가 생성한 시나리오를 개선하는 또 다른 중요한 요소는 창작자의 개입이다. AI는 피드백을 통해 자동으로 시나리오를 개선할 수 있지만, 인간 창작자의 감각과 직관이 결합할 때 더욱 완성도 높은 결과물이 만들어진다. 창작자는 AI가 생성한 시나리오에서 감정적으로 중요한 순간이나 사건 전개의 속도를 직접 수정하고, AI가 제안한 다양한 대사나 장면을 선택적으로 활용할 수 있다.

이러한 상호작용은 AI가 창작 도구로서 더욱 효과적으로 사용될 수 있도록 하며, 인간의 창의성과 AI의 자동화된 능력이 결합한 시나리오가 완성될 수 있게 한다. 결국, AI 시나리오의 테스트와 개선은 스토리의 완성도를 높이기 위한 필수적인 과정이다. AI는 방대한 데이터를 학습하여 시나리오를 자동으로 생성할 수 있지만, 그 결과물은 테스트와 피드백을 통해 지속해서 수정되고 보완되어야 한다. AI는 테스트 과정에서 얻은 피드백을 바탕으로 스토리의 논리성과 감정적 깊이를 향상할 수 있으며, 반복 학습을 통해 더 나은 결과물을 도출할 수 있다. 또한, 창작자의 개입과 독자의 피드백을 반영함으로써, AI는 더 인간적이고 감동적인 시나리오를 만들어낼 수 있다. 이처럼 AI 시나리오는 테스트와 피드백 과정을 통해 지속해서 개선되며, 궁극적으로 더 완성도 높은 스토리를 제공하는 도구로 자리 잡을 것이다.

7. 미래의 AI 시나리오와 발전 가능성

가. AI 시나리오의 미래 트렌드

미래의 AI 시나리오와 그 발전 가능성은 매우 밝으며, 창작의 새로운 시대를 열어갈 중요한 동력이 되고 있다. 오늘날 AI는 다양한 분야에서 혁신을 이끌고 있으며, 시나리오 작성에서도 그 가능성을 빠르게 확장하고 있다. AI가 시나리오 창작에 기여 하는 방식은 점차 더 고도화되고 있으며, 단순한 자동화 도구에서 벗어나 인간 창작자와의 협력적인 파트너로 발전하고 있다. AI가 방대한 데이터를 분석하고 패턴을 학습하는 능력은 스토리텔링의 새로운 지평을 열어가고 있으며, 창작자들이 더 창의적인 결과물을 만들어내도록 돕고 있다. 앞으로 AI 시나리오의 발전 방향과 트렌드를 이해하는 것은 창작 산업에 큰 변화를 가져올 것이며, 이를 통해 시나리오는 더욱 풍부하고 다채롭게 진화할 것이다.

우선, AI 시나리오의 미래 트렌드를 살펴보면, 가장 두드러진 변화는 AI가 인간적인 감성에 더 가까워지고 있다는 점이다. 현재 AI는 논리적인 구조를 기반으로 스토리를 생성하는 데 강점을 보이지만, 앞으로는 인간의 감정과 공감을 더 잘 반영하는 방향으로 발전할 것이다. AI는 대규모 데이터를 분석하고, 그 안에서 인간이 느끼는 다양한 감정의 패턴을 학습할 수 있다. 예를 들어, 수많은 영화와 소설에서 등장하는 감정선, 즉 인물의 심리 변화와 갈등 해결 과정 등을 학습한 AI는 이를 바탕으로 감정적으로 풍부한 시나리오를 제안할 수 있다. 이로 인해 AI는 감동적인 스토리나 극적인 서사 구조를 더욱 자연스럽게 구현할 수 있으며, 관객이나 독자가 쉽게 공감할 수 있는 이야기를 만들어낼 수 있다.

그리고 AI 시나리오의 또 다른 중요한 트렌드는 실시간 피드백을 반영한 스토리텔링이다. AI는 독자나 시청자의 실시간 반응을 분석하고, 그에 따라 스토리의 전개를 즉각적으로 수정할 수 있는 능력을 발전시키고 있다. 이는 기존의 고정된 스토리 구조와 달리, 상호작용형 스토리텔링을 가능하게 만든다. 예를 들어, 게임에서 플레이어의 선택에 따라 스토리가 달라지는 방식이나, 드라마에서 시청자의 반응에 맞춰 결말이 변경되는 방식 등이 AI를 통해 구현될 수 있다. 이러한 실시간 반응 기반 스토리텔링은 관객과의 상호작용을 극대화하며, 보다 몰입감 있는 경험을 제공한다. AI는 단순히 스토리를 생성하는 것에 그치지 않고, 그 스토리가 실시간으로 어떻게 받아들여지는지를 분석하여, 이를 기반으로 더욱 흥미롭고 감정적으로 연결되는 이야기를 만들어낼 수 있다. 미래의 AI 시나리오는 또한 개인화된 스토리텔링을 통해 더욱 발전할 가능성이 크다.

AI는 사용자의 데이터를 기반으로 개별 사용자의 취향과 선호를 분석할 수 있으며, 이를 통해 각 사용자에게 맞춤형 이야기를 제공할 수 있다. 예를 들어, 넷플릭스와 같은 스트리밍 플랫폼에서 AI는 사용자의 시청 기록, 좋아하는 장르, 즐겨보는 캐릭터 유형 등을 분석하여 개인화된 시나리오를 제시할 수 있다. 이는 단순히 개인의 취향에 맞춘 추천 시스템을 넘어, 각 사용자에게 고유한 스토리 경험을 제공하는 데까지 발전할 수 있다. 예를 들어, 두 사용자가 같은 영화나 드라마를 보더라도, 그들이 경험하는 세부적인 스토리 전개나 결말은 서로 다를 수 있다. 이러한 개인화된 스토리텔링은 특히 게임이나 대화형 미디어에서 큰 잠재력을 가지고 있으며, AI는 이를 통해 더욱 다양하고 몰입감 있는 콘텐츠를 제공할 수 있을 것이다.

나. AI와 시나리오 작성의 융합 발전 방향

AI와 시나리오 작성의 융합 발전 방향을 살펴보면, 창작자와 AI 간의 협력 강화가 중요한 발전 축으로 자리 잡고 있다. 현재 AI는 창작자가 사용할 수 있는 강력한 도구로서 역할하고 있지만, 앞으로는 창작자의 아이디어를 더욱 효과적으로 발전시키는 창의적 파트너로서 기능할 가능성이 크다. AI는 창작자가 구상한 스토리의 틀 안에서 다양한 아이디어를 제시하고, 그중에서 최적의 선택지를 제공할 수 있다. 예를 들어, AI는 창작자가 설정한 플롯에 맞춰 다양한 시나리오 전개 방안을 자동으로 생성할 수 있으며, 이를 창작자가 선택적으로 활용함으로써 스토리의 완성도를 높일 수 있다. AI는 복잡한 스토리 구조를 자동으로 관리하고, 창작자가 전체적인 방향에 집중할 수 있도록 도와줌으로써, 창작 과정의 효율성을 극대화한다.

또 AI는 스토리의 논리성과 일관성을 유지하는 데 중요한 역할을 할 수 있다. 복잡한 서사 구조나 다수의 캐릭터가 등장하는 이야기에서는 논리적인 일관성을 유지하는 것이 매우 중요한데, AI는 이를 자동으로 분석하고 보완할 수 있다. 예를 들어, AI는 시나리오에서 논리적인 모순이 발생할 가능성을 예측하고, 이를 수정하거나 대안을 제시할 수 있다. 이는 창작자가 놓칠 수 있는 부분까지도 AI가 관리할 수 있음을 의미하며, 결과적으로 더 완성도 높은 스토리를 만들어낼 수 있다. 이러한 방식으로 AI는 단순한 도구를 넘어, 창작자가 이야기의 큰 그림을 그리는 동안 세부적인 요소들을 자동으로 관리해주는 파트너의 역할을 할 수 있다.

미래의 AI 시나리오 작성은 또한 인터랙티브 콘텐츠와의 융합을 통해 더욱 다차원적으로 발전할 것이다. 이미 게임 산업에서는 플레이어의 선택에 따라 스토리가 변화하는 방식이 AI를 통해 구현되고 있지만, 이 같은 방식은 영화나 드라마, 소설 등 다른 콘텐츠 형식으로도 확장될 수 있다. AI는 사용자와의 상호작용을 통해 스토리 전개를 실시간으로 수정하거나, 다양한 결말을 자동으로 생성하여 제공할 수 있다. 이는 기존의 일방적인 스토리 전달 방식을 뛰어넘어, 사용자와의 협력을 통해 이야기가 만들어지는 새로운 방식을 창작할 수 있게 한다. 예를 들어, 영화에서 관객이 특정 장면에서 주인공의 선택을 결정하면, 그 선택에 따라 영화의 결말이 달라지는 식의 인터랙티브 스토리텔링이 가능하다. 이러한 방식은 사용자에게 더 깊은 몰입감을 제공하며, AI는 이러한 경험을 실시간으로 조정하고 최적화하는 역할을 한다.

더 나아가, AI는 멀티미디어 스토리텔링에서도 중요한 역할을 할 수 있다. AI는 텍스트뿐만 아니라 이미지, 비디오, 음성 데이터를 처리하고 통합하는 능력을 갖추고 있어, 다양한 미디어 요소를 결합한 스토리를 생성할 수 있다. 예를 들어, AI는 대사를 생성하는 것뿐만 아니라, 그 대사에 맞는 배경 음악이나 영상 클립을 자동으로 구성할 수 있다. 이는 창작자가 한 가지 매체에 의존하지 않고, 다양한 미디어를 결합한 복합적인 스토리텔링을 시도할 수 있도록 해준다. AI는 멀티미디어 데이터를 통합하여 시청자나 독자에게 더 몰입감 있고 풍부한 경험을 제공할 수 있으며, 이는 미래의 콘텐츠 제작 방식에 큰 변화를 가져올 것이다.

다시 말하자면, AI 시나리오의 미래와 발전 가능성은 무한하다. AI는 시나리오 작성에서 점차 더 중요한 역할을 하게 될 것이며, 인간 창작자와의 협력을 통해 창작의 새로운 지평을 열어갈 것이다. 개인화된 스토리텔링, 실시간 피드백 반영, 멀티미디어 스토리텔링 등 다양한 혁신적 요소들이 AI를 통해 가능해질 것이며, 이는 창작의 효율성과 창의성을 극대화할 기회를 제공한다. AI는 인간의 창의성을 보완하고 확장하는 도구로서, 더욱 풍부하고 다양한 스토리를 만들어내는 데 이바지할 것이다. AI와 시나리오 작성의 융합은 단순히 기술의 발전을 넘어서, 스토리텔링의 본질을 재정립하고, 새로운 형태를 창작할 수 있게 할 중요한 전환점이 될 것이다.

8. AI 시나리오의 실제 사례 분석

가. 영화, 게임, 광고에서 활용된 AI 시나리오

AI 시나리오는 이미 영화, 게임, 광고 등 다양한 분야에서 활발하게 활용되고 있으며, 이를 통해 창작과 콘텐츠 생산의 새로운 가능성이 열리고 있다. 인공지능은 시나리오 작성 과정에서 방대한 데이터를 처리하고 분석하며, 이를 바탕으로 창의적인 아이디어를 도출해내는 데 탁월한 능력을 발휘하고 있다. AI는 복잡한 플롯을 짜거나 캐릭터의 대사를 자동으로 생성하는 등 다양한 방식으로 시나리오 작성에 이바지하고 있으며, 이러한 기술은 콘텐츠 제작에서 생산성을 높이는 동시에 새로운 창작 방식으로 자리 잡고 있다.

그렇다고 해서 AI 시나리오가 항상 성공적인 결과만을 낳는 것은 아니다. 성공적인 사례도 있지만, 그 과정에서 실패한 사례들도 존재하며, 이러한 성공과 실패를 통해 우리는 AI 시나리오 작성의 가능성과 한계를 동시에 배울 수 있다. 우선 영화에서의 AI 시나리오 활용 사례를 살펴보면, 가장 대표적인 성공 사례 중 하나로 꼽히는 것은 2016년 IBM의 AI 플랫폼 왓슨(Watson)이 참여한 SF 영화 트레일러 제작이다. 이 영화는 '모건(Morgan)'이라는 제목의 SF 스릴러로, IBM의 AI 왓슨이 영화의 트레일러를 제작하는 데 큰 역할을 했다. 왓슨은 100개 이상의 공포 및 스릴러 영화 트레일러를 분석한 후, '모건'의 주요 장면을 선택하고, 그 장면들로 구성된 트레일러를 제안했다. AI가 선정한 장면들은 긴장감과 스릴을 극대화하는 데 중점을 두었으며, 이 트레일러는 관객들로부터 긍정적인 반응을 끌어냈다. AI는 인간 편집자보다 더 빠르고 정확하게 방대한 데이터를 처리할 수 있었으며, 이를 통해 영화의 핵심 장면을 효과적으로 압축하여 짧은 시간 내에 강렬한 인상을 남기는 트레일러를 제작할 수 있었다. 이 사례는 AI가 인간 창작자의 조력자로서 성공적인 결과물을 도출할 수 있음을 보여주는 대표적인 사례다.

하지만 영화에서 AI 시나리오 작성이 항상 성공적이었던 것은 아니다. 실패 사례로 꼽히는 것 중 하나는 2020년의 AI 기반 단편 영화 '써보그니션(Sunspring)'이다. 이 영화는 OpenAI의 GPT-2 모델을 활용해 시나리오가 작성되었으며, AI가 생성한 대사를 그대로 배우들이 연기하는 형식으로 제작되었다. 처음에는 AI가 인간과 비슷한 방식으로 스토리를 창작할 수 있다는 기대를 받았으나, 결과적으로 이 영화는 서사적으로 일관성이 부족하고, 대사와 사건 전개가 비논리적이라는 평가를 받았다. 배우들은 AI가 생성한 대사를 연기하면서도 대사의 의미를 제대로 이해하지 못했고, 스토리는 관객에게 혼란을 주었다. 이는 AI가 스토리를 생성할 수 있는 능력은 있지만, 인간의 감정이나 복잡한 상호작용을 충분히 반영하지 못했기 때문에 발생한 문제였다. 이 사례는 AI가 단순히 데이터를 학습하는 것만으로는 충분하지 않으며, 시나리오의 질을 높이기 위해서는 인간의 개입과 협업이 필수적이라는 점을 보여준다.

다음으로 게임에서의 AI 시나리오 활용 사례를 살펴보자. 게임 산업은 인터랙티브한 스토리텔링을 구현하는 데 있어 AI의 가능성을 가장 잘 활용하고 있는 분야 중 하나다. 대표적인 성공 사례로는 '마이크로소프트의 파트너 프로젝트(Social AI)'가 있다. 이 프로젝트에서는 AI가 게임 내 캐릭터들의 대화와 행동을 실시간으로 생성하여 플레이어와 상호작용하도록 설계되었다. AI는 플레이어의 선택에 따라 다양한 반응을 보이며, 이를 통해 각 플레이어가 고유한 스토리를 경험할 수 있게 만들었다. 특히 이 AI는 단순한 대사 생성에서 그치지 않고, 플레이어의 감정 변화나 선택 패턴을 분석해 게임의 난이도나 스토리 전개를 유동적으로 조정하는 기능도 수행했다. 이러한 방식은 플레이어가 더 깊이 몰입할 수 있는 경험을 제공하며, 게임의 반복 플레이 가치를 높이는 데 큰 역할을 했다. 이처럼 AI는 게임 내에서 동적인 스토리텔링을 가능하게 하여, 플레이어의 행동에 맞춰 스토리를 즉각적으로 수정하고 반응할 수 있는 환경을 제공한다.

반면, 실패한 사례도 존재한다. 2019년에 출시된 게임 '에이전트 에이스(Agent Ace)'는 AI 기반 스토리 생성 시스템을 도입했으나, 이 시스템이 오히려 게임의 몰입감을 해친다는 비판을 받았다. 게임 내 AI는 플레이어의 선택에 따라 스토리를 생성하는 방식을 취했지만, 스토리가 지나치게 단조롭고 예측할 수 있게 전개되면서, 플레이어에게 반복적인 경험을 제공했다. 이는 AI가 충분히 다양한 선택지를 제공하지 못하고, 미리 설정된 패턴에 따라 시나리오를 생성하는 데 그쳤기 때문이다. 이러한 문제는 AI가 게임 스토리의 창의성과 다양성을 충분히 반영하지 못했기 때문에 발생한 것으로, AI가 시나리오를 자동으로 생성하는 것에만 의존할 경우 콘텐츠의 질이 저하될 수 있음을 보여주는 사례이다.

광고에서의 AI 시나리오 활용도 최근 주목받고 있는 트렌드 중 하나다. AI는 광고 제작 과정에서 소비자의 반응을 분석하고, 그에 맞는 맞춤형 메시지를 생성하는 데 사용되고 있다. 대표적인 성공 사례로는 코카콜라가 AI를 활용해 개인화된 광고 캠페인을 진행한 사례가 있다. 이 캠페인에서 AI는 소비자의 데이터(나이, 성별, 선호도 등)를 분석하여 각 소비자에게 맞춤형 메시지를 전달하는 광고를 제작했다. AI는 수천 개의 광고 메시지를 자동으로 생성하고, 각 메시지를 소비자에게 실시간으로 맞춤형으로 제공함으로써 높은 효과를 거두었다. 이 광고는 소비자들의 큰 호응을 얻었으며, AI가 광고 콘텐츠를 보다 효과적이고 개인화된 방식으로 제작하는 데 기여할 수 있음을 보여준 성공적인 사례로 꼽힌다.

나. 성공과 실패 사례로 배우는 AI 시나리오 작성법

그러나 AI를 이용한 광고가 실패한 사례도 있다. 예를 들어, 한 글로벌 패션 브랜드는 AI를 활용해 소셜 미디어 광고 캠페인을 진행했지만, 광고 메시지가 소비자들의 감성에 맞지 않고 오히려 부정적인 반응을 불러일으켰다. AI가 생성한 광고 메시지는 지나치게 기계적이고 소비자들에게 감동을 주지 못했으며, 이는 브랜드의 이미지에 부정적인 영향을 미쳤다. 이 실패는 AI가 인간의 감정을 완전히 이해하지 못한 상태에서 광고 메시지를 작성했기 때문이며, 인간적인 감성의 중요성을 간과한 결과였다. 이 사례는 AI가 광고에서 효율성을 높일 수 있지만, 그 과정에서 인간의 감성과 연결되지 않을 경우 오히려 역효과를 낳을 수 있음을 보여준다.

요약하자면, AI 시나리오는 영화, 게임, 광고 등 다양한 분야에서 이미 성공적인 결과를 내고 있으며, 창작과 콘텐츠 제작에 큰 혁신을 가져왔다. 성공 사례들은 AI가 방대한 데이터를 처리하고, 복잡한 스토리를 자동으로 생성하는 능력을 통해 인간 창작자의 작업을 보완하고 지원할 수 있음을 보여준다. 그러나 AI 시나리오 작성은 여전히 한계가 존재하며, 실패한 사례들에서 볼 수 있듯이 인간의 창의성이나 감정적 요소를 충분히 반영하지 못할 때 스토리의 질이 저하되거나 소비자의 반응을 얻지 못할 수 있다. 따라서 AI 시나리오 작성은 단순한 기술적 자동화를 넘어, 인간과의 협력이 중요하다. AI는 시나리오 작성에서 중요한 도구가 될 수 있지만, 창작 과정에서 인간의 직관과 감성, 그리고 윤리적 판단이 결합할 때 더 큰 성공을 거둘 수 있다. AI는 스토리텔링의 한계를 확장하는 잠재력을 가지고 있지만, 이를 제대로 활용하기 위해서는 인간 창작자와 AI 간의 긴밀한 협력이 필수적이다.

9. 독창적인 AI 시나리오 개발을 위한 팁 ————

가. 창의성을 자극하는 AI 활용법

독창적인 AI 시나리오를 개발하는 방법은 창의성을 자극하고, 기존의 틀을 넘어서 새로운 가능성을 탐구하는 데 있다. AI는 방대한 데이터를 분석하고 패턴을 학습하는 데 탁월한 능력을 갖추고 있지만, 이를 어떻게 활용하느냐에 따라 결과물의 독창성이 크게 달라질 수 있다. 창의적인 AI 시나리오를 만들기 위해서는 AI를 단순한 도구로만 사용하는 것이 아니라, 창작자의 상상력과 결합하여 새로운 방식으로 스토리를 만들어가는 과정이 필요하다. AI가 제공하는 데이터 기반의 분석 능력과 인간 창작자의 직관적이고 감성적인 요소가 결합할 때, 기존 시나리오와 차별화된 독창적인 작품을 만들어낼 수 있다.

AI를 활용하여 창의성을 자극하는 첫 번째 방법은 AI의 데이터 분석 능력을 최대한 활용하여 새로운 아이디어를 도출하는 것이다. AI는 수많은 기존 시나리오를 분석하여 그 안에 숨겨진 패턴과 트렌드를 발견하는 데 뛰어나다. 예를 들어, AI는 다양한 장르와 시대를 아우르는 스토리들을 학습하여, 성공적인 스토리에서 공통으로 발견되는 요소들을 파악할 수 있다. 그러나 독창성을 위해서는 이 패턴을 그대로 따르는 것이 아니라, 그 패턴을 변형하거나 새로운 방식으로 재해석하는 것이 중요하다. 창작자는 AI가 제시한 패턴을 기반으로 하되, 그 안에서 예상치 못한 전개를 삽입하거나, 기존과는 전혀 다른 방식으로 캐릭터를 설정함으로써 차별화된 스토리를 만들어낼 수 있다. 예를 들어, AI가 제안한 전형적인 히어로 스토리 구조를 뒤집어, 주인공이 오히려 반 영웅적인 인물로 등장하거나, 결말에서 모든 기대를 배반하는 반전을 넣는 방식으로 스토리의 독창성을 확보할 수 있다.

또한, AI를 활용한 실시간 피드백과 수정 과정도 창의성을 자극하는 중요한 방법이다. AI는 스토리를 생성한 후, 그 스토리가 독자나 관객에게 어떻게 반응할지를 실시간으로 분석하고 예측할 수 있다. 예를 들어, AI는 기존 영화나 소설에서 독자들이 선호하는 캐릭터 유형이나 플롯 전개 방식을 학습하고, 이를 바탕으로 창작자가 선택한 스토리가 얼마나 매력적일지를 예측할 수 있다. 이러한 피드백을 바탕으로 스토리의 특정 부분을 수정하거나, 새로운 요소를 추가함으로써 창의성을 높일 수 있다. AI는 시나리오의 흐름을 실시간으로 관찰하며, 이야기의 전개 속도나 감정적인 흐름이 적절한지, 특정 캐릭터의 행동이 일관성 있게 전개되는지를 분석할 수 있다. 이를 통해 창작자는 더욱 깊이 있는 스토리를 만들 수 있으며, AI의 피드백을 바탕으로 더 정교한 시나리오를 완성할 수 있다.

다양한 미디어와의 융합도 AI 시나리오의 독창성을 높이는 중요한 방법이다. AI는 텍스트 생성뿐만 아니라, 이미지, 비디오, 음성 데이터를 동시에 처리하고 통합할 수 있는 능력을 갖추고 있다. 따라서 창작자는 AI를 활용하여 시각적, 청각적 요소를 결합한 멀티미디어 스토리텔링을 시도할 수 있다. 예를 들어, AI는 스토리의 분위기에 맞는 배경 음악을 자동으로 생성하거나, 특정 장면에 맞는 비주얼을 제안할 수 있다. 이러한 멀티미디어 요소들은 스토리의 몰입감을 극대화하고, 독창성을 더하는 데 크게 이바지한다. 또한, AI는 다양한 문화적 배경을 반영한 시나리오를 생성할 수 있는 능력을 갖추고 있어, 창작자는 글로벌 시장을 겨냥한 스토리를 더욱 쉽게 제작할 수 있다. AI는 전 세계의 다양한 문화와 전통을 학습하고, 이를 바탕으로 다문화적이고 다원적인 스토리를 제안함으로써, 기존의 시나리오와는 차별화된 글로벌 스토리텔링을 가능하게 한다.

창의성을 자극하는 또 다른 방법은 AI의 반복 학습과 실험적 접근을 통해 새로운 시나리오 구조를 탐구하는 것이다. AI는 인간 창작자가 시도하기 어려운 복잡한 스토리 구조나 플롯 변형을 손쉽게 실험할 수 있는 능력을 갖추고 있다. 예를 들어, AI는 같은 스토리라인에서 여러 가지 전개 방식을 자동으로 생성하고, 각각의 방식이 어떻게 다른 결과를 초래하는지를 분석할 수 있다. 이를 통해 창작자는 스토리의 다양한 가능성을 탐구하고, 기존에 시도되지 않은 새로운 방식으로 이야기를 전개할 기회를 얻게 된다. 특히 AI는 데이터 기반의 분석을 통해 전통적인 서사 구조를 벗어난 비선형적 스토리텔링을 구현하는 데 강점을 보인다. 창작자는 AI가 제안하는 비전형적인 스토리 구조를 통해 기존의 틀을 넘어서는 창의적인 스토리를 개발할 수 있으며, 이를 통해 기존 시나리오와는 차별화된 작품을 만들어낼 수 있다.

나. 기존 시나리오와 차별화하는 방법

기존 시나리오와 차별화하는 방법에서 중요한 또 다른 요소는 AI를 통해 다양한 캐릭터와 플롯 변형을 시도하는 것이다. 기존 시나리오에서는 주로 정형화된 캐릭터 유형이 등장하지만, AI는 수많은 데이터를 학습하여 더욱 다채롭고 입체적인 캐릭터를 제안할 수 있다. AI는 각 캐릭터의 심리적 변화나 사회적 배경을 바탕으로 캐릭터 간의 복잡한 상호작용을 자동으로 생성할 수 있으며, 이를 통해 기존의 단순한 영웅과 악당 구도에서 벗어난 복잡한 인간관계를 그릴 수 있다. 예를 들어, AI는 주인공이 단순히 악당을 무찌르는 이야기가 아니라, 악당과의 관계 속에서 인간적인 고뇌를 겪거나, 악당의 상황을 이해하게 되는 복잡한 플롯을 제안할 수 있다. 이러한 방식으로 AI는 캐릭터의 깊이를 더하고, 플롯의 복잡성을 높여 기존 시나리오와 차별화된 독창적인 이야기를 만들 수 있다. 또한, AI를 통해 새로운 장르나 스타일을 탐구하는 것도 시나리오의 차별화를 위한 중요한 방법이다.

AI는 특정 장르나 스타일에 국한되지 않고, 다양한 장르의 시나리오를 자동으로 생성할 수 있다. 예를 들어, AI는 SF와 로맨스, 스릴러와 코미디 등 서로 다른 장르를 결합하여 전혀 새로운 혼합 장르의 시나리오를 제안할 수 있다. 이러한 혼합 장르는 기존의 틀을 깨고, 관객이나 독자에게 새로운 경험을 제공하는 데 유용하다. AI는 다양한 장르의 성공적인 요소들을 학습하여, 각 장르의 장점을 결합한 새로운 이야기를 만들어낼 수 있으며, 이를 통해 독창적인 작품을 완성할 수 있다. 창작자는 AI가 제안하는 다양한 장르적 요소들을 결합하여, 하나의 장르에 머물지 않는 독창적인 시나리오를 개발할 수 있다.

마지막으로, AI를 통해 개인화된 스토리텔링을 구현하는 것도 차별화의 중요한 요소이다. AI는 사용자의 데이터를 기반으로 개인의 선호도와 취향을 분석하여 맞춤형 스토리를 생성할 수 있다. 이는 특히 게임이나 대화형 콘텐츠에서 큰 잠재력을 가지고 있다. 예를 들어, AI는 각 사용자의 선택에 따라 스토리의 전개가 달라지는 맞춤형 시나리오를 생성할 수 있으며, 이를 통해 각각의 사용자에게 고유한 이야기를 제공할 수 있다. 이러한 개인화된 스토리텔링은 기존의 고정된 스토리 구조에서 벗어나, 사용자와의 상호작용을 통해 스토리를 함께 만들어가는 경험을 제공한다. AI는 실시간으로 사용자의 반응을 분석하고, 그에 맞춰 스토리를 유동적으로 수정할 수 있으며, 이를 통해 더욱 몰입감 있는 시나리오를 제공할 수 있다.

결론적으로, 독창적인 AI 시나리오를 개발하기 위해서는 AI의 데이터를 단순히 활용하는 것에서 그치지 않고, 이를 변형하고 새롭게 재해석하는 창의적인 접근이 필요하다. AI는 방대한 데이터를 분석하고 패턴을 제시하는 데 뛰어나지만, 창작자의 상상력과 결합할 때 그 진정한 잠재력이 발휘된다. AI를 통해 창작자는 새로운 스토리 구조, 다채로운 캐릭터 설정, 장르 간의 결합 등을 시도할 수 있으며, 이를 통해 기존 시나리오와는 차별화된 독창적인 작품을 만들어낼 수 있다. 창의성과 AI의 결합은 스토리텔링의 가능성을 무한히 확장하며, 미래의 창작 과정에서 중요한 역할을 할 것이다. AI는 창작자의 파트너로서, 상상력의 한계를 넘어서는 새로운 시나리오 개발에 이바지할 것이다.

III.

초보자를 위한 MixAduio AI로
나만의 BGM 만들기

저자 허성희

1. Prologue

창의적인 음악 제작의 새로운 시대, MixAudio AI

음악 창작의 문턱이 점점 낮아지고 있다. 과거에는 음악을 제작하려면 전문적인 지식과 고가의 장비가 필요했지만, 이제는 누구나 간편하게 자신만의 음악을 만들어낼 수 있는 시대가 열렸다. MixAudio AI는 이러한 변화의 중심에 있는 혁신적인 플랫폼으로, 복잡한 음악 제작 과정을 단순화하고 모든 사람이 쉽게 접근할 수 있도록 했다. 이 플랫폼은 텍스트, 이미지, 오디오 파일 등 다양한 입력을 통해 음악을 생성한다. AI 기반 음악 생성 도구로서 창작자의 아이디어를 직관적으로 변환해 준다. 예를 들면 사용자는 단순히 원하는 음악 스타일이나 분위기를 텍스트로 입력하면 이를 분석하여 자동으로 적합한 멜로디와 리듬을 생성한다.

MixAudio AI의 가장 큰 장점은 사용자의 의도를 인식하고 이를 기반으로 새로운 음악을 만들어내는 능력에 있다. 사용자는 단순히 특정 분위기를 묘사한 텍스트를 입력하는 것만으로도 AI가 그에 맞는 음악을 자동으로 생성하도록 할 수 있다. "편안한 저녁 카페 분위기의 배경 음악"이라는 프롬프트를 입력하면 AI는 잔잔한 멜로디와 부드러운 리듬을 조합해 해당 분위기에 맞는 음악을 만들어냈다. 이는 음악 제작에 대한 경험이 없더라도, 누구나 자신의 창작물을 손쉽게 음악으로 구현할 수 있도록 도와준다.

또한 MixAudio AI는 이미지나 오디오 파일과 같은 다양한 멀티미디어 입력을 음악으로 변환하는 기능도 제공한다. 사용자가 이미지 파일을 업로드하면, AI는 그 이미지에서 느껴지는 감정이나 분위기를 분석하여 이를 음악적으로 해석해 새로운 배경음악을 만들어낸다. 이와 같이 이미지를 음악으로 변환하는 기능은 광고, 영화, 그리고 게임 산업에서 매우 유용하게 사용될 수 있다. 예를 들어, 특정 장면의 이미지에 맞는 음악을 빠르게 생성하여 그 장면의 감정을 강화하는 데 사용할 수 있다.

특히 BGM(배경 음악) 제작은 MixAudio AI의 대표적인 강점 중 하나로 평가받고 있다. MixAudio AI는 BGM이 필요한 콘텐츠 제작자들에게 빠르고 효율적인 해결책을 제공한다. 유튜브 영상, 팟캐스트, 광고, 프레젠테이션, 심지어 개인 프로젝트에 이르기까지 다양한 분야에서 필요한 배경음악을 자동으로 생성할 수 있다. 사용자는 자신이 원하는 분위기와 테마에 맞는 배경음악을 직접 선택할 수 있으며, 이를 통해 제작 과정의 효율성을 크게 높일 수 있다. MixAudio AI는 여러 스타일과 장르의 배경음악을 제공함으로써 창작자들이 콘텐츠의 성격에 맞는 음악을 찾는 데 시간을 절약할 수 있도록 돕는다.

이 플랫폼은 또한 기존의 오디오 파일을 리믹스하거나 변형하는 기능도 제공한다. 사용자는 자신의 음악을 업로드하고, 이를 새로운 스타일로 재구성해 AI가 완전히 새로운 리믹스를 만들어내는 과정을 경험할 수 있다. 이 기능은 DJ나 음악 프로듀서들이 기존의 곡을 새롭게 편곡하거나 리믹스할 때 매우 유용하게 사용된다. 특히, 다양한 음악적 실험이 가능하다는 점에서 MixAudio AI는 창의성을 극대화하는 도구로 평가받는다.

MixAudio AI는 단순한 음악 제작 도구 그 이상이다. 창작자들은 MixAudio를 통해 창작의 자유를 얻었고, 더 이상 음악 제작의 기술적 장벽에 얽매이지 않게 되었다. 음악을 창작하는 과정이 복잡하고 시간이 많이 소요되는 일이었지만, 이제는 몇 번의 클릭만으로도 고품질의 음악을 생성할 수 있게 되었다. 이는 창작의 속도를 크게 높였으며, 더 많은 사람들이 자신의 콘텐츠에 적합한 음악을 손쉽게 제작할 수 있게 되었다.

MixAudio AI는 음악 창작의 민주화를 이끌고 있는 혁신적인 플랫폼이라고 할 수 있다. 더 이상 음악 제작은 전문가들만의 영역이 아니게 되었다. 누구나 자신의 아이디어를 음악으로 구체화할 수 있는 이 도구는 음악에 문외한이었던 사람들도 누구나 자신의 아이디어를 음악으로 표현하는 새로운 가능성을 열어주었다. 특히 BGM 제작의 효율성은 다양한 분야에서 창작 활동의 품질을 높이는 데 기여한다. MixAudio AI는 단순한 아이디어만으로도 음악의 세계를 실현해 주는 경험을 선물한다.

2. MixAudio AI에 대하여 ─────────

MixAudio는 AI 기반 음악 생성 플랫폼으로, 다양한 미디어 콘텐츠 제작자들이 손쉽게 맞춤형 음악을 생성할 수 있도록 돕는 도구다. MixAudio를 개발한 제작 업체는 다중 모달 AI 기술을 활용하여 텍스트, 이미지, 오디오 등 다양한 입력을 통해 창의적인 음악을 자동으로 생성해 낸다. 이 플랫폼은 특히 배경 음악(BGM), 리믹스, 광고 음악 등에서 활용될 수 있으며, 음악 제작 경험이 없는 사용자도 쉽게 사용할 수 있도록 설계되었다.

MixAudio의 제작 업체는 AI 기술을 기반으로 음악 생성뿐만 아니라 여러 가지 미디어 응용 프로그램에 대응할 수 있는 다양한 솔루션을 제공하는 데 중점을 두고 있다. 사용자가 플랫폼에 제공한 입력을 AI가 분석하고 이에 맞는 음악을 빠르고 간편하게 만들어내는 이 기술은 콘텐츠 제작자들이 자신만의 독창적인 사운드를 생성하는 데 큰 도움을 준다.

[MixAudio가 제시하는 새로운 음악 AI 표준 5가지]

저작권 문제가 해결된 방대한 음악 및 사운드 라이브러리에서 관련 샘플과 데이터를 검색하여 새로운 음악을 생성한다. 이는 사용자가 원하는 스타일과 테마에 맞춰 고품질 음악을 신속하게 제작할 수 있게 한다.

가. Retrieval-Augmented Generation (RAG): 음악 및 사운드

저작권 문제가 해결된 방대한 음악 및 사운드 라이브러리에서 관련 샘플과 데이터를 검색하여 새로운 음악을 생성한다. 이는 사용자가 원하는 스타일과 테마에 맞춰 고품질 음악을 신속하게 제작할 수 있게 한다.

나. Multimodal: 텍스트 + 이미지 + 오디오

텍스트, 이미지, 오디오 등 다양한 입력 형태를 지원하는 멀티모달 기능을 제공한다. 3초 이내에 음악을 생성할 수 있는 속도로, 글로벌 최고 수준의 빠른 결과를 제공한다.

다. Interactivity: 편집 스튜디오

원하는 스템과 섹션을 조합하거나 필요한 부분을 다시 생성할 수 있는 인터랙티브 음악 편집 스튜디오 기능을 제공한다. 이 기능을 통해 창작자는 실시간으로 음악을 조작하고 편집할 수 있다.

라. AI REMIX: Scalable IPo

기존에 접근하기 어려웠던 아티스트의 음악 조각들을 사용자가 원하는 방식으로 리믹스하고 출시할 수 있다. 이를 통해 창작사들은 무한한 창의적 가능성을 탐색힐 수 있다.

마. Adaptive Music

맞춤형 적응형 음악사용자의 기분이나 활동에 따라 변화하는 맞춤형 적응형 음악을 제공한다. 이는 사용자의 라이프스타일 변화와 다양한 디바이스(모빌리티, 가전제품 등)와의 통합을 가능하게 한다.

출처 : MixAudio 블로그

[크롬에서 믹스 오디오 MixAudio 시작하기]

가. 크롬 검색창에 'mixaudio'_❶를 입력 후 창이 뜨면 'MixAudio'_❷를 클릭한다.

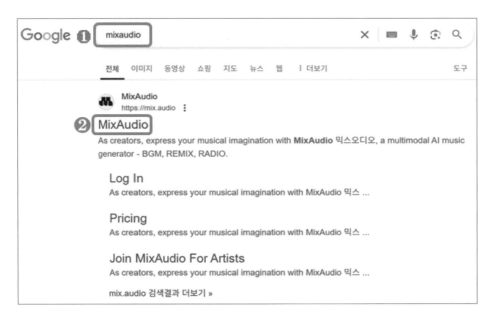

[그림 10] 크롬에서 MixAudio 검색하기

나. 크롬 검색창에 검색 된 'MixAudio'를 클릭하면 메인 화면과 접속하게 된다. 접속 후 회원가입을 해야 이용할 수 있다.

[그림 11] MixAudio 메인 화면 (출처: MixAudio)

다. 회원 가입하기 전 요금제 알아보기

MixAudio_믹스오디오의 요금제는 '무료, 퍼스널, 프로페셔널'로 이루어져 있다.

요금제를 표로 정리하면 다음과 같다.

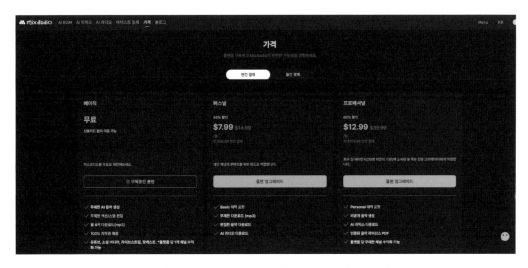

[그림 12] MixAudio_믹스오디오의 요금제

무료	퍼스널	프로페셔널
믹스오디오를 무료로 체험해 보세요.	개인 채널의 콘텐츠를 위한 용도로 적합합니다.	회사 및 에이전시(30명 미만의 기관)에 소속된 분 혹은 전문 크리에이터에게 적합합니다.
신용카드 없이 이용 가능	46% 할인 (월) $7.99 $14.99 $95.88 연간 결제	60% 할인 (월) $12.99 $32.99 $155.88 연간 결제
• 무제한 AI 음악 생성 • 무제한 섹션/스템 편집 • 월 4곡 다운로드(mp3) • 100% 저작권 해결 • 유튜브, 소셜 미디어, 라이브스트림, 팟캐스트. • 플랫폼 당 1개 채널 수익화 가능	• Basic 혜택 포함 • 무제한 다운로드 (mp3) • 편집한 음악 다운로드 • AI 라디오 다운로드	• Personal 혜택 포함 • 비공개 음악 생성 • AI 리믹스 다운로드 • 인증된 음악 라이선스 PDF • 플랫폼 당 무제한 채널 수익화 가능

※ 필요에 따라 구독 방법을 변경할 수 있음.

믹스오디오는 전문적으로 사용하는 것이 아니라면 음악을 생성하여 감상하고 선택하여 월 4곡을 다운로드 받아 이용할 수 있다. 믹스오디오에서 생성 된 음악은 위 표에 제시 된 내용처럼 플랫폼 당 1개 채널 수익화에 사용 가능하다.

영상제작 및 SNS를 통해 여러 채널을 운영하고 있다면 '퍼스널'로 구독 변경하여 이용할 수 있으며 월 결제로 한 달 이용해 보고 활용도가 높다면 연단위로 결제하면 월 $7.99로 46%가 할인 된 가격으로 이용 가능하다.

믹스오디오의 위 표에도 표기 된 것처럼 100% 저작권이 해결되었다는 것은 큰 장점이다.

라. 'MixAudio'를 사용하기 위한 회원 가입하기

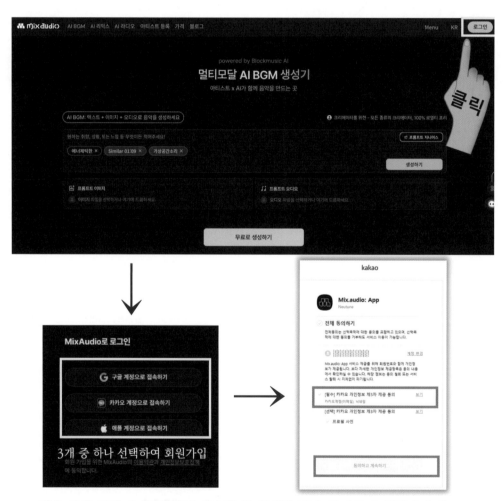

필수 사항 클릭 -〉 '동의하고 계속하기' 활성화 됨-〉 클릭하면 회원가입 완료.

[그림 13] MixAudio 회원 가입 전 메인 화면 (출처: MixAudio)

마. 'MixAudio' 메인 화면 둘러보기

'MixAudio'는 '동의하고 계속하기'가 활성화 되었을 때 클릭과 동시에 로그인이 되어 메인 화면에 접속 된다. 메인 화면에서 상단에는 바로 음악을 생성할 수 있는 창이 보이고 하단에는 다른 사람들이 작업한 다양한 음악을 감상할 수 있는 화면이 보인다.

❶은 이미지, 오디오, 텍스트를 이용하여 음악을 만들 수 있는 창이다.

❷는 사람들이 제작한 음악을 감상할 수 있는 창이다.

❸은 사람들이 제작한 음악의 누적수를 보여주는 숫자다.

❹는 음악을 감상하며 필요하거나 또는 좋다고 느끼면 좋아요 하트를 클릭한다. 내가 선택한 음악을 별도로 볼 수 있다.

[그림 14] MixAudio 로그인 후 메인 화면

3. 이미지로 음악 생성하기

텍스트를 입력하여 음악을 생성해야 한다면 무엇을 입력해야 하는지에 대해 부담스러울 수 있기 때문에 처음 경험한다면 이미지를 이용하여 음악 생성하기를 추천한다. 사용자는 이미지 파일을 업로드하여 그 이미지에서 느껴지는 분위기나 감정을 기반으로 AI가 음악을 생성할 수 있다. 예를 들어, 풍경 사진이나 추상적인 이미지를 활용해 배경음악을 생성하여 얻을 수 있다. AI는 이미지에서 시각적 요소를 분석하여 이에 어울리는 멜로디와 리듬을 생성한다. ❶번을 클릭하면 하단의 ❷번 큰 테두리 창이 열린다. ❸번을 클릭하여 내 컴퓨터에 있는 이미지 하나를 선택한다. 이미지는 2개를 선택하여 음악을 생성할 수 있다.

[그림 15] 이미지 입력을 위한 화면

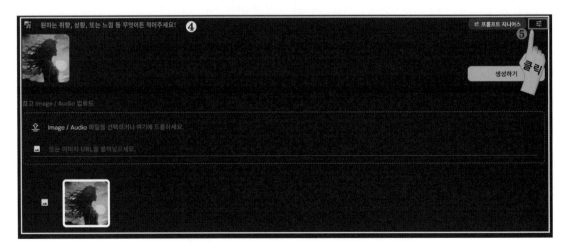

[그림 16] 내 컴퓨터에서 이미지 선택한 화면

❸번 클릭 후 내 컴퓨터에서 이미지 하나 선택하면 ❹번의 큰 화면을 볼 수 있다. 우측 상단의 ❺번을 클릭하면 생성하고자 하는 음악의 분위기와 장르를 선택할 수 있다.

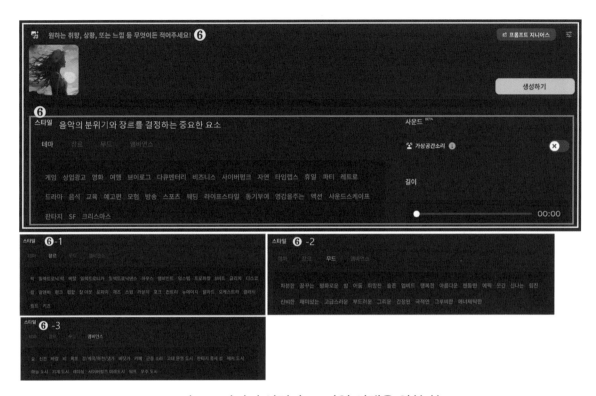

[그림 17] 이미지 입력 후 스타일 선택을 위한 창

❻번부터 ❻-3번을 각각 클릭하면 다양한 분위기와 장르를 선택할 수 있다.

MixAudio에서의 스타일은, AI가 생성하는 음악의 분위기와 장르를 결정하는 중요한 요소로 작용한다. 사용자가 텍스트 프롬프트나 이미지를 입력하면, 스타일을 지정하는 옵션을 통해 AI가 음악의 리듬, 악기 구성, 멜로디의 감성을 조정한다. 스타일을 선택함으로써 사용자는 음악이 전달하고자 하는 감정이나 테마를 명확히 할 수 있고, 이는 콘텐츠 제작의 톤과 메시지에 중요한 영향을 미친다.

스타일의 역할은 음악을 단순히 만드는 것이 아니라, 창작자가 원하는 특정 감정이나 분위기를 효과적으로 표현할 수 있도록 돕는 데 있다. 이로 인해 MixAudio는 다양한 프로젝트에서 음악을 맞춤형으로 사용할 수 있는 유연성을 제공한다.

스타일을 선택했다면 음악 생성을 위한 시간과 가상공간소리 유무 선택 후 마무리 단계로 ❽번'생성하기'를 클릭하면 음악이 생성 된다.

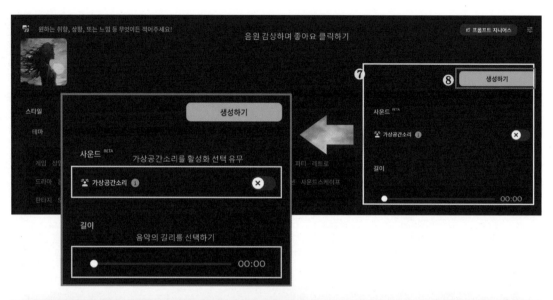

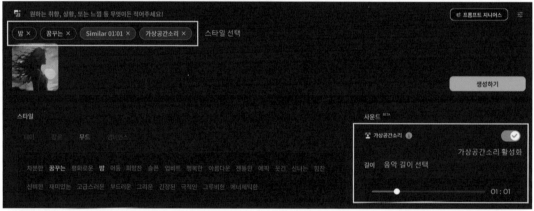

[그림 20]

AI가 생성한 음악은 미리듣기 형태로 제공 된다. 4개의 음악 좌측 하단의 '▶'를 클릭하여 음악을 들어보고 필요에 따라 선택할 수 있다. 또한 선택한 음악과 유사한 음악을 추가적으로 듣고 싶다면 [그림16]에 따라 '유사곡 생성'을 클릭하여 사용하면 된다.

[그림 21] 이미지로 생성된 음악 저장하기

생성된 4개의 음악 중 마음에 들지만 추가적으로 유사한 음악을 재생성하고 싶은 경우 유사 음악 4개를 재생성해 준다.

[그림 22] 선택한 음악과 유사곡 생성하기

AI가 생성한 음악은 미리듣기 형태로 제공 된다. 4개의 음악 좌측 하단의 '▶'를 클릭하여 음악을 들어보고 필요에 따라 선택할 수 있다. 무료 사용자라면 월 4곡 다운로드 가능하므로 '유사곡 생성'까지 생성하여 미리 듣기를 통해 최종 사용할 음악을 선택하여 다운로드 받으면 된다.

4. 텍스트로 음악 생성하기

이미지를 이용하여 음악을 생성한 방법과 같이 이미지가 아닌 텍스트로 작성된 프롬프트를 입력하여 음악을 생성한다. 예를 들어 ❶번의 프롬프트 창에 '느긋하고 편안한 저녁 카페 분위기'라는 텍스트를 입력하면 4개의 음악이 생성 된다. 프롬프트 입력 후 음악을 생성하기 위해 스타일 선택하는 방법과 스타일 선택하지 않고 생성하는 방법이 있다.

[그림 23] 텍스트 프롬프트 입력 창

❶번에 프롬프트를 입력한 후 생성하기를 클릭하면 4개의 음악이 자동으로 생성이 된다.

[그림 24] 프롬프트 입력 후 스타일 선택하지 않고 바로 음악 생성하기

❶번에 프롬프트를 입력한 후 ❶-1 '프롬프트 지니어스'를 클릭하면 AI가 입력한 텍스트의 내용을 바탕으로 구체적으로 수정하여 내용을 보여준다. AI가 제공해 준 프롬프트 내용이 마음에 든다면 스타일을 선택 후 음악 길이를 선택한다. 가상공간 소리는 자유롭게 선택 한 후 '생성하기'를 클릭하면 4개의 음악이 생성 된다. 스타일을 선택하여 생성 된 음악과 스타일을 선택하여 생성 된 음악이 어떤 차이점을 비교 분석하여 자신만의 음악을 만들어갈 수 있다.

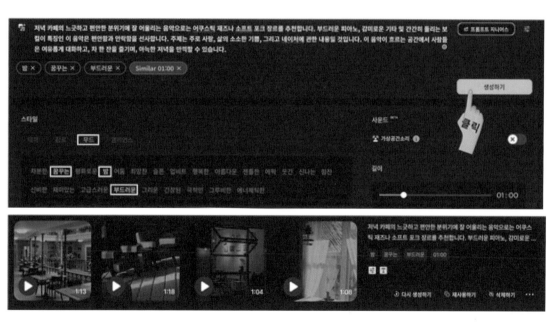

[그림 25] 프롬프트 지니어스를 활용하여 음악 생성하기

위 그림은 '저녁 카페의 느긋하고 편안한 분위기' 입력 후 '프롬프트 지니어스'를 클릭하면 위와 같이 자세한 분위기와 장르를 추천하는 프롬프트를 자세하게 추천해 준다. 다음으로 스타일과 시간, 가상공간소리를 선택 후 '생성하기'를 클릭하면 위와 같이 음악 4개가 생성 된다.

그림 19-1	그림 19-2	그림 19-3	그림 19-4

5. 오디오로 음악 생성하기

오디오 기반 음악 생성은 사용자가 기존의 오디오 파일을 업로드하고, AI가 이를 분석하여 새로운 음악을 생성하는 과정을 포함한다. 이 과정은 다음 단계로 이루어진다.

가. 오디오 파일 업로드:

사용자는 AI 음악 생성 플랫폼에 접속한 후, 변형하고 싶은 기존 음악 파일을 업로드한다. 이 파일은 WAV, MP3 등 일반적으로 사용되는 오디오 파일 형식을 지원한다.

나. AI 분석:

AI는 업로드된 오디오 파일을 분석하여 그 안에 포함된 다양한 음악적 요소들을 분리하고 특징을 추출한다. 이 과정에서 AI는 리듬, 멜로디, 하모니 등 음악의 여러 구성 요소를 분석한다. 이를 통해 음악을 구조적으로 이해하고 리믹스나 변형을 위한 준비를 마친다.

다. 음악 스타일 설정:

AI가 분석한 오디오 데이터를 바탕으로 사용자는 새로운 스타일을 설정할 수 있다. 예를 들어, 기존의 클래식 음악을 현대적인 전자 음악 스타일로 변형하거나, 리듬을 강화해 댄스곡으로 재편성할 수 있다. 이 과정에서 사용자는 원하는 음악의 장르나 분위기를 선택하여 AI가 재창조할 방향을 설정한다.

라. 리믹스 및 변형 생성:

설정이 완료되면, AI는 업로드된 음악을 바탕으로 새로운 리믹스나 변형된 음악을 생성한다. 이때 AI는 기존 음악의 핵심 요소를 유지하면서도 새로운 리듬, 악기 구성, 템포 등을 추가하거나 수정하여 완전히 다른 스타일의 음악을 만들어낸다.

마. 결과물 다운로드:

AI가 생성한 새로운 음악을 미리 듣고, 필요한 경우 추가 편집을 할 수 있다. 생성된 음악이 만족스러우면, 최종 결과물을 다운로드하여 사용할 수 있다. 이 음악은 다양한 콘텐츠(예: 영상, 팟캐스트, 게임 등)에서 활용할 수 있다.

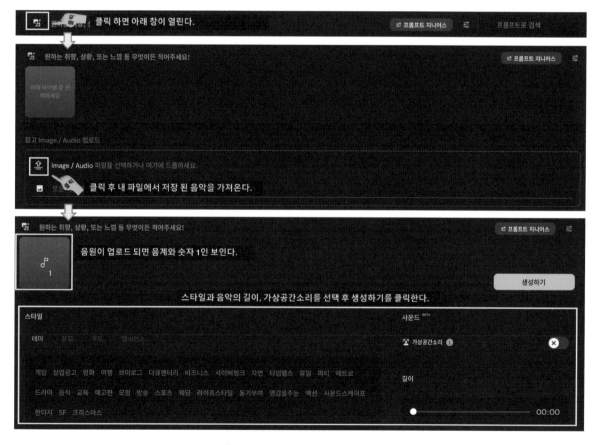

[그림 26] 오디오로 음악 생성하기

원곡	오디오로 생성 1	오디오로 생성 2	오디오로 생성 3

6. Epilogue

가. MixAudio AI: 누구나 쉽게 음악을 창작하는 시대

음악 제작의 패러다임이 빠르게 변화하고 있다. 과거에는 음악을 만들기 위해 고급 장비, 복잡한 소프트웨어, 그리고 수년간의 음악적 훈련과 기술이 필요했다. 전문적인 음악 제작자는 다양한 악기를 다룰 줄 알아야 했고, 음악의 이론과 구성에 대한 깊은 이해가 필수적이었다. 또한 음악 스튜디오에서 이루어지는 복잡한 녹음 과정, 믹싱, 마스터링 등의 기술적 절차는 일반인들에게는 매우 높은 진입 장벽으로 여겨졌다. 이러한 과정은 오랜 시간이 소요되고 비용이 많이 들었으며, 결과적으로 음악을 제작하는 일은 극히 일부 전문가들의 영역으로 제한되었다.

그러나 기술의 발전, 특히 인공지능(AI)의 도입으로 인해 음악 제작은 더 이상 소수의 전문가들만이 가능한 작업이 아니게 되었다. 오늘날 AI 기술을 통해 누구나 쉽게 자신만의 음악을 만들 수 있는 시대가 도래했다. AI는 사용자들이 음악 제작에 필요한 기술적 지식이 없더라도 창의적인 결과물을 만들어낼 수 있도록 돕는다. 그 중심에는 MixAudio AI라는 혁신적인 플랫폼이 있다.

MixAudio AI는 기존의 음악 제작 방식에서 벗어나, AI가 텍스트, 이미지, 그리고 오디오 파일을 분석하여 자동으로 음악을 생성하는 강력한 도구로 자리 잡았다. 사용자는 단순히 텍스트로 자신이 원하는 음악의 스타일이나 분위기를 설명하거나, 특정한 이미지를 업로드하는 것만으로도 자신만의 음악을 쉽게 만들어낼 수 있다. 이 과정에서 AI는 사용자가 제공한 정보를 바탕으로 적합한 멜로디, 리듬, 템포, 악기 구성을 조합해 새로운 음악을 만들어낸다. 이러한 방식은 음악 제작을 단순화시킬 뿐 아니라, 창작 과정에서의 창의성을 극대화할 수 있는 기회를 제공한다.

또한, MixAudio AI는 음악에 대한 깊은 전문 지식이 없는 초보자들뿐만 아니라, 이미 음악적 배경을 가진 전문가들에게도 매우 유용하다. 초보자는 복잡한 과정 없이도 손쉽게 음악을 만들어낼 수 있고, 전문가들은 AI가 생성한 음악을 바탕으로 세부적인 수정 및 편집 작업을 통해 자신만의 독창적인 음악으로 완성할 수 있다. 이 플랫폼은 특히 다양한 장르와 스타일의 음악을 빠르게 제작할 수 있기 때문에, 시간이 부족한 콘텐츠 제작자들에게 큰 도움을 준다.

예를 들어, 유튜브 크리에이터, 팟캐스터, 게임 개발자 등 다양한 분야의 창작자들은 MixAudio AI를 통해 자신이 제작하는 콘텐츠에 맞는 음악을 빠르게 생성하고, 이를 활용할 수 있다. 유튜브 영상의 배경음악이나 팟캐스트의 분위기를 돋보이게 하는 음악, 그리고 게임 속 긴장감 넘치는 BGM 등을 손쉽게 제작할 수 있다. MixAudio AI는 짧은 시간 내에 고품질의 음악을 제공하기 때문에 창작자는 음악 제작에 시간을 허비하지 않고 본연의 콘텐츠 제작에 집중할 수 있다.

MixAudio AI는 단순히 음악 제작 도구에 그치지 않는다. AI가 제공하는 무한한 가능성을 활용하여 새로운 음악적 시도를 할 수 있다. 예를 들어, 이미 존재하는 오디오 파일을 AI에 업로드하고 이를 새로운 스타일로 리믹스하거나 변형하는 작업을 통해 기존 음악을 새롭게 재해석할 수 있다. 또한, 다양한 텍스트 프롬프트나 이미지를 기반으로 한 실험적 음악 제작도 가능하다. 이를 통해 창작지들은 기존의 틀을 벗어난 새로운 사운드를 탐구할 수 있다.

MixAudio AI는 음악 제작의 민주화를 이끌고 있다. 더 이상 음악 제작은 고도의 전문성을 요하지 않으며, 누구나 자신의 아이디어를 음악으로 구현할 수 있는 시대가 열렸다. 이 혁신적인 플랫폼은 음악 제작의 문턱을 크게 낮추어, 초보자부터 전문가에 이르기까지 모든 사람이 창의적이고 독창적인 음악을 만들 수 있도록 돕고 있다. MixAudio AI는 미래의 음악 제작 방식을 재정의하고 있으며, 앞으로 더 많은 사람들이 이 플랫폼을 통해 자신만의 음악을 창조하게 될 것이다.

나. MixAudio AI의 특징과 장점

MixAudio AI는 텍스트, 이미지, 오디오 파일 등 다양한 입력 방식을 지원하여 창작자의 아이디어를 신속하게 음악으로 변환한다. 예를 들어, 사용자가 특정 분위기나 테마를 설명하는 텍스트를 입력하면, AI는 해당 설명을 분석하고 적합한 멜로디와 리듬을 조합하여 음악을 만들어낸다. 이미지를 기반으로 음악을 생성하는 경우, 이미지에서 느껴지는 감정과 분위기를 해석하여 그에 맞는 음악을 생성한다. 이러한 기능은 특히 광고, 영화, 게임 등 다양한 콘텐츠 제작 분야에서 매우 유용하다.

이 AI의 또 다른 강점은 빠른 음악 생성 속도이다. MixAudio는 몇 초 안에 4곡씩 자동으로 생성하며, 사용자는 이 중에서 마음에 드는 음악을 선택하고 추가적으로 편집할 수 있다. 이는 콘텐츠 제작 과정에서 음악 제작에 필요한 시간을 크게 단축해 준다. 또한, 음악의 저작권 문제가 해결된 점도 중요한 장점이다. 사용자는 MixAudio AI에서 생성한 음악을 자유롭게 활용할 수 있으며, 이를 통해 콘텐츠 제작에 필요한 음악을 걱정 없이 사용할 수 있다.

다. MixAudio AI 활용 방안

MixAudio AI는 다양한 분야에서 매우 유용하게 활용될 수 있다. 아래는 MixAudio AI를 활용할 수 있는 몇 가지 대표적인 사례이다.

가. 유튜브와 소셜 미디어 콘텐츠

유튜브 크리에이터와 소셜 미디어 콘텐츠 제작자는 MixAudio AI를 통해 자신만의 배경 음악을 쉽게 제작할 수 있다. 특정 영상에 어울리는 음악을 빠르게 생성하여 콘텐츠에 삽입함으로써, 영상의 분위기를 강화할 수 있다. 예를 들어, 여행 영상에는 경쾌하고 자유로운 느낌의 음악을, 요리 영상에는 부드럽고 편안한 음악을 추가하여 영상의 메시지를 보다 효과적으로 전달할 수 있다.

나. 팟캐스트 및 오디오북

팟캐스트와 오디오북 제작자들은 MixAudio AI를 통해 손쉽게 적절한 배경 음악을 찾을 수 있다. 팟캐스트의 내용이나 주제에 따라 음악을 생성하고, 이를 통해 청취자들이 몰입할 수 있는 환경을 조성할 수 있다. 스릴러 팟캐스트의 경우 긴장감을 고조시키는 음악을, 자기 계발 팟캐스트에는 활기찬 음악을 추가하는 식으로 콘텐츠의 완성도를 높일 수 있다.

다. 광고 및 마케팅 콘텐츠

MixAudio AI는 광고 제작에도 큰 도움이 된다. 상품이나 브랜드의 이미지에 맞는 음악을 생성하여, 해당 광고의 메시지를 강화할 수 있다. 예를 들어, 건강 관련 상품 광고에서는 신선하고 상쾌한 음악을, 패션 브랜드 광고에서는 세련되고 트렌디한 음악을 자동으로 생성할 수 있다. 이렇게 만들어진 음악은 광고의 시청자에게 더욱 깊은 인상을 남길 수 있다.

라. 게임 및 인터랙티브 미디어

게임 개발자들도 MixAudio AI를 활용하여 각 게임 장면에 어울리는 배경 음악을 생성할 수 있다. 예를 들어, 전투 장면에서는 빠르고 역동적인 음악을, 휴식 장면에서는 차분한 음악을 생성할 수 있다. 게임 플레이어의 행동에 따라 동적으로 변화하는 음악을 제공하는 인터랙티브 미디어에서도 MixAudio AI는 유용하게 쓰일 수 있다.

라. 창의적 실험과 음악 리믹스

MixAudio AI는 단순히 음악을 생성하는 도구를 넘어서, 창작자가 다양한 스타일로 음악을 리믹스하고 변형할 수 있는 기능도 제공한다. 기존의 음악 파일을 업로드하면, AI가 이를 분석하고 새로운 스타일로 리믹스할 수 있도록 지원한다. 이 기능은 특히 음악 프로듀서나 DJ들이 기존 곡을 새롭게 편곡하거나 리믹스할 때 유용하게 사용된다. 예를 들어, 클래식 곡을 현대적인 전자 음악으로 변형하거나, 발라드 곡을 댄스곡으로 편곡하는 등 다양한 창의적 실험이 가능하다.

마. 결론

MixAudio AI는 음악 제작을 혁신적으로 단순화하고, 창작의 문을 모든 사람에게 열어주었다. 더 이상 음악 제작은 전문가들만의 전유물이 아니며, 이제 누구나 자신의 아이디어를 음악으로 구현할 수 있다. 텍스트, 이미지, 오디오 파일 등을 입력하여 손쉽게 고품질의 음악을 생성할 수 있으며, 이를 통해 다양한 콘텐츠 제작 분야에서 창작의 효율성을 극대화할 수 있다. MixAudio AI는 창작자들에게 새로운 창의적 가능성을 열어주었으며, 음악 제작의 새로운 표준을 제시하는 중요한 도구로 자리 잡았다. 앞으로 더 많은 창작자들이 MixAudio AI를 통해 자신만의 독창적인 음악을 만들어낼 것으로 기대된다.

IV.

Suno AI를 활용한 영상 제작용
음악 생성 가이드

저자 김은아

1. Prologue

인공지능(AI) 기술의 발전은 여러 산업과 일상에서 커다란 변화를 불러일으키고 있다. 그중에서도 음악 창작 분야는 AI 기술의 영향을 깊이 받고 있으며, 특히 AI 음악 생성 도구의 발전은 창작의 새로운 시대를 열고 있다. 기존에는 주로 인간 작곡가와 연주자의 감각과 경험에 의존하여 음악을 창작했으나, 이제 AI는 그 과정을 단순화하고 창의적인 방식을 제안하는 데 도움을 준다. 이러한 변화의 중심에는 Suno AI가 자리하고 있다.

Suno AI는 사용자가 원하는 스타일과 장르의 음악을 손쉽게 생성할 수 있도록 돕는 혁신적인 플랫폼이다. 간단한 텍스트 프롬프트를 입력하여 음악의 분위기, 스타일, 악기 구성을 지정할 수 있으며, 이로 인해 복잡한 작곡 과정이 대폭 간소화된다. Suno AI는 개인 창작자부터 전문 영상 제작자에 이르기까지 누구나 쉽게 사용할 수 있는 사용자 친화적인 인터페이스를 제공하여, 배경음악과 테마 음악을 신속하게 제작할 수 있게 한다.

이 책은 Suno AI를 활용하여 독자가 원하는 음악을 효율적으로 생성하고, 이를 영상 제작에 활용할 수 있도록 돕기 위해 기획되었다. 기본 사용법부터 고급 기능, 다른 도구와의 연동 방법까지 차례로 안내하며, AI와 음악 창작의 융합이 열어가는 무한한 가능성의 세계로 독자를 이끈다. Suno AI와 함께하는 창작의 여정을 통해, 독자는 자신만의 음악을 발견하고 이를 통해 더 나은 창작을 이루어낼 수 있을 것이다.

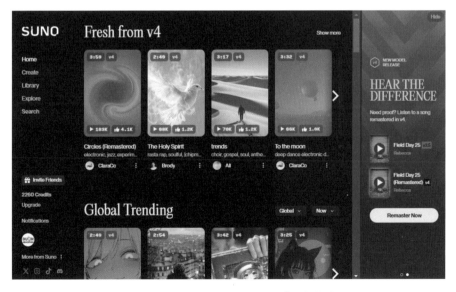

[그림 28] https://suno.ai 홈페이지

2. 퀵 스타트 가이드

Suno AI는 인공지능을 활용하여 사용자가 원하는 스타일의 음악을 손쉽게 생성할 수 있도록 돕는 플랫폼이다. 이 가이드에서는 Suno AI의 기본 사용법을 소개한다. 이를 통해 독자는 간단한 절차를 통해 계정을 생성하고, 첫 번째 음악을 만드는 방법을 배울 수 있다.

가. 계정 생성하기

Suno AI를 사용하려면 먼저 계정을 생성해야 한다. 아래의 단계에 따라 빠르게 계정을 만들 수 있다.

1) Suno AI 웹사이트 접속
웹 브라우저에서 Suno AI 공식 웹사이트에 접속한다. 메인 페이지에서 좌측 하단의 'Sign In' 버튼을 클릭한다.

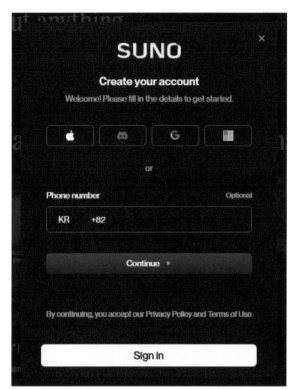

2) 회원가입 선택

'Sign In' 버튼을 클릭하면 로그인 페이지로 이동한다. 여기에서 'Create Account' 버튼을 눌러 회원가입을 시작한다.

3) 소셜 계정 연동

Suno AI는 Google, Discord, Microsoft 계정을 통해 간편 로그인 기능을 제공한다. 이 중 하나의 계정을 선택하여 로그인하면 별도의 가입 절차 없이 계정이 생성된다.

4) 개인 정보 입력 및 약관 동의

소셜 계정을 연동한 후에는 개인 정보와 이메일 주소를 확인하고, 이용 약관과 개인정보 처리방침에 동의해야 한다. 이 절차를 마치면 계정 생성이 완료된다.

나. 기본 사용법

계정 생성이 완료되면 Suno AI의 메인 페이지로 이동한다. 메인 페이지는 사용자가 원하는 음악을 신속하게 생성할 수 있는 다양한 메뉴와 설정을 제공한다.

1) 홈 화면 구성 이해하기

로그인 후에는 Suno AI의 메인 화면이 나타난다. 화면의 좌측 메뉴는 'Home', 'Create', 'Library',

'Explore' 등으로 구성되어 있으며, 각각의 기능은 다음과 같다:

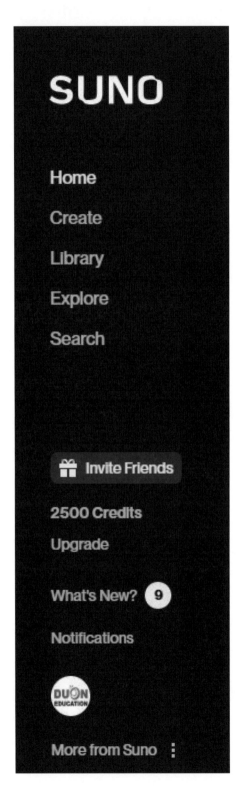

- Home: Suno AI의 메인 페이지로, 최신 기능 및 공지 사항을 확인할 수 있다.
- Create: 새로운 음악을 생성하는 페이지로, 텍스트 프롬프트를 입력하여 곡을 만들 수 있다.
- Library: 생성한 음악을 저장하고 관리하는 공간이다.
- Explore: 다른 사용자가 생성한 음악을 탐색하며 아이디어를 얻을 수 있다.

2) 첫 번째 음악 생성하기

Suno AI에서 첫 번째 음악을 생성하려면 'Create' 페이지로 이동한다. 이 페이지에서 간단한 텍스트 프롬프트를 입력하고 원하는 음악의 스타일이나 분위기를 지정하면 된다.

예를 들어, "잔잔한 피아노 연주곡"과 같은 프롬프트를 입력하면 Suno AI는 이에 맞는 곡을 자동으로 생성한다. 곡이 생성되면 Library에 저장되며, 여기서 재생, 다운로드, 편집 등의 작업을 할 수 있다.

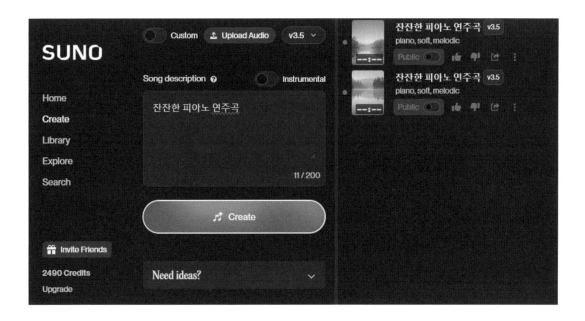

들어보기 https://suno.com/song/025257d0-e866-466f-bf01-175594654517

다. 음악 스타일과 장르 선택

음악을 생성할 때 다양한 스타일과 장르를 선택할 수 있다. Suno AI는 팝, 클래식, 재즈, 전자 음악 등 여러 장르를 지원하며, 사용자가 원하는 음악 스타일을 구체적으로 지정할 수 있다. 프롬프트에 스타일을 명시하면 AI가 이를 반영하여 적합한 음악을 생성한다.

이렇게 간단한 프롬프트와 설정만으로도 Suno AI에서 음악을 신속하게 생성할 수 있다.

3. Suno AI의 주요 기능과 장점 ───────

Suno AI는 다양한 기능과 장점을 통해 사용자가 간단하게 원하는 음악을 생성할 수 있도록 돕는다. 이 장에서는 Suno AI의 주요 기능과 다른 AI 음악 생성 도구와의 차별점에 대해 설명한다.

가. 다양한 음악 스타일과 장르 지원

Suno AI는 팝, 클래식, 재즈, 록, 전자 음악 등 다양한 장르와 스타일을 지원한다. 이를 통해 사용자는 원하는 분위기와 스타일에 맞는 곡을 선택할 수 있다. 각 장르마다 Suno AI는 특정 분위기와 악기 구성을 자동으로 설정하여 사용자의 요구에 맞는 음악을 생성한다. 예를 들어, '밝은 분위기의 재즈 곡'이나 '잔잔한 피아노 연주곡' 등 구체적인 스타일을 지정하면 AI가 이에 맞는 음악을 제작한다.

나. 간편한 텍스트 프롬프트 기반 생성

Suno AI의 가장 큰 장점은 텍스트 프롬프트를 기반으로 음악을 생성할 수 있다는 점이다. 사용자는 간단한 문구로 원하는 음악의 분위기와 스타일을 표현하면 AI가 자동으로 그에 맞는 곡을 만들어준다. 텍스트 프롬프트 방식은 복잡한 작곡 지식 없이도 누구나 쉽게 음악을 제작할 수 있게 하여, 초보자와 전문가 모두에게 유용하다.

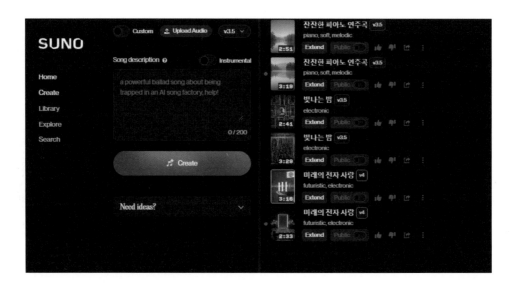

다. 커스텀 모드를 통한 세부 설정 가능

Suno AI는 기본 모드 외에도 커스텀 모드를 제공하여 사용자가 원하는 대로 세부 설정을 할 수 있다. 커스텀 모드에서는 가사 작성, 악기 구성 선택, 음악 스타일과 제목 설정 등이 가능하다. 이를 통해 사용자는 원하는 분위기와 내용을 더욱 구체적으로 표현한 맞춤형 음악을 생성할 수 있다.

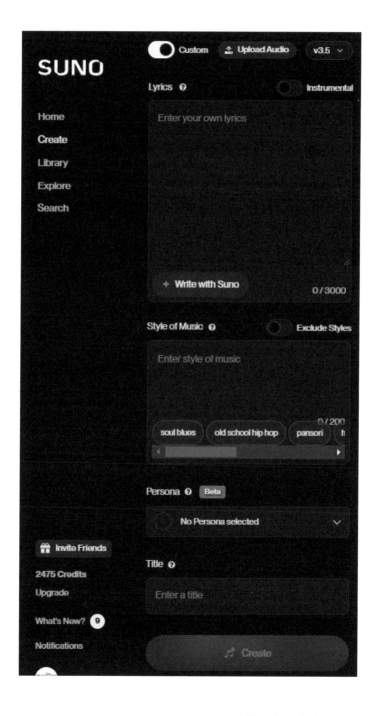

라. 다른 AI 음악 생성 도구와의 차별점

일반적인 AI 음악 생성 도구는 단순한 멜로디 생성에 그치는 경우가 많다. 그러나 Suno AI는 가사 생성, 악기 구성 조절, 구조 편집 등 세밀한 설정이 가능하여 더욱 다양한 음악을 창작할 수 있다. 또한 Suno AI는 직관적이고 사용하기 쉬운 인터페이스를 제공하여 기술적 배경이 없는 사용자도 쉽게 접근할 수 있다는 장점이 있다. 이 외에도 Suno AI는 무료로 일일 최대 10곡까지 생성할 수 있는 기능을 제공하여 접근성을 높였다.

이러한 Suno AI의 다양한 기능과 장점은 사용자에게 높은 자유도와 편의성을 제공하며, 영상 제작이나 개인 창작 작업에 최적화된 음악 생성 도구로서 활용도를 높인다.

4. 음악 생성의 기본

Suno AI를 활용하여 음악을 생성하려면 몇 가지 기본 요소를 이해하는 것이 중요하다. 이 장에서는 텍스트 프롬프트 작성 요령, 기본 모드와 커스텀 모드의 활용법, 그리고 다양한 음악 스타일과 장르 선택 방법에 대해 설명한다. 이러한 기초 지식을 통해 Suno AI를 효과적으로 사용할 수 있다.

가. 텍스트 프롬프트 작성 요령

Suno AI는 텍스트 프롬프트를 기반으로 음악을 생성한다. 따라서 사용자가 원하는 음악의 분위기와 스타일을 구체적으로 표현할 수 있도록 텍스트 프롬프트 작성이 중요하다. 효과적인 프롬프트를 작성하기 위해 다음 요소들을 고려한다:

- 장르: 음악의 스타일을 지정한다. 예를 들어, "재즈", "팝", "클래식" 등의 장르를 명시함으로써 AI가 그에 맞는 스타일로 음악을 생성할 수 있다.
- 분위기: 음악이 전달하고자 하는 감정을 나타낸다. 예를 들어, "밝은", "우울한", "경쾌한" 등의 분위기를 프롬프트에 포함시켜 원하는 감정을 효과적으로 표현할 수 있다.
- 악기 구성: 특정 악기를 강조하고 싶을 때 이를 프롬프트에 명시할 수 있다. 예를 들어, "피아노 중심", "기

타 솔로 포함"과 같은 프롬프트를 통해 AI가 특정 악기를 포함하도록 유도할 수 있다.

예시 프롬프트:

- "밝고 활기찬 팝 음악, 기타와 드럼 중심"

[그림 35] https://bit.ly/3CQTfww

- "잔잔한 피아노 연주곡, 클래식 스타일"

  https://bit.ly/3VgL6bi

이러한 프롬프트 작성을 통해 Suno AI는 사용자가 원하는 음악을 더욱 정확하게 반영하여 생성한다.

나. 기본 모드와 커스텀 모드의 활용법

Suno AI는 사용자에게 기본 모드와 커스텀 모드를 제공하여 음악 생성의 자유도를 높인다. 두 모드는 사용자의 필요에 따라 선택하여 활용할 수 있다.

- 기본 모드: 간단한 텍스트 프롬프트를 입력하면 AI가 가사와 음악을 동시에 생성해주는 모드이다. 이 모드는 빠르게 음악을 만들고자 할 때 유용하다. 예를 들어, "따뜻한 감성의 어쿠스틱 곡"과 같은 프롬프트를 입력하면 곧바로 그 분위기에 맞는 곡이 완성된다.

[그림 36] https://bit.ly/3B9UV3P

- 커스텀 모드: 사용자가 세부 설정을 통해 더욱 구체적인 음악을 제작할 수 있는 모드이다. 커스텀 모드에서는 가사, 음악 스타일, 제목 등을 지정할 수 있어, 특정 요구 사항에 맞는 음악을 생성하기에 적합하다. 이 모드에서는 "가사" 필드에 원하는 가사를 직접 입력하고, "음악 스타일" 필드에 장르나 분위기를 지정하여 더욱 세밀한 설정이 가능하다.

다. 주요 음악 스타일과 장르 선택법

Suno AI는 다양한 음악 스타일과 장르를 지원하여 사용자가 폭넓은 선택을 할 수 있도록 돕는다. 다음은 Suno AI가 지원하는 주요 장르들이다:

- 팝(Pop): 대중적인 멜로디와 리듬이 특징인 장르로, 밝고 경쾌한 음악을 생성할 때 유용하다.
- 클래식(Classical): 전통적인 오케스트라 구성의 음악으로, 잔잔하고 우아한 분위기를 필요로 할 때 적합하다.
- 재즈(Jazz): 스윙 리듬과 즉흥 연주가 특징인 장르로, 자유로운 감성의 음악을 원할 때 유용하다.
- 록(Rock): 강한 비트와 일렉트릭 기타 중심의 음악으로, 에너지 넘치는 분위기에 적합하다.
- 전자 음악(Electronic): 신디사이저와 전자 악기를 활용한 음악으로, 현대적이고 독특한 느낌을 줄 수 있다.

프롬프트에 이러한 장르를 포함하면 Suno AI가 특정 스타일의 음악을 보다 정확하게 생성한다. 예를 들어, "1980년대 신스팝 스타일의 밝은 음악(https://bit.ly/3BbN1XG)"이라는 프롬프트를 사용하면 AI는 해당 스타일에 맞는 곡을 만들어낸다. 또한, 특정 아티스트나 시대를 언급하면 그 느낌을 반영한 음악이 생성될 수 있다.

Suno AI의 이러한 기본적인 기능을 숙지하면, 사용자는 자신이 원하는 분위기와 스타일을 반영한 음악을 손쉽게 생성할 수 있다.

5. 고급 기능 활용

Suno AI는 기본적인 음악 생성 외에도 가사 작성과 편집, 악기 구성과 믹싱, 음악 길이와 구조 조정 등 고급 기능을 통해 더욱 완성도 높은 음악을 제작할 수 있도록 돕는다. 이 장에서는 Suno AI의 고급 기능을 활용하는 방법에 대해 설명한다.

가. 가사 작성 및 편집

Suno AI의 커스텀 모드를 통해 사용자는 원하는 가사를 직접 작성하거나 수정할 수 있다. 이를 통해 곡의 메시지와 감정을 더욱 정확하게 표현할 수 있다.

- 가사 작성: 커스텀 모드의 "Lyrics" 필드에 원하는 가사를 입력하여 곡의 분위기를 설정할 수 있다. 가사는 일반적으로 [Verse], [Chorus], [Bridge] 등으로 구분하여 작성하며, 이를 통해 곡의 흐름을 명확히 한다. 예를 들어:

  - [Verse 1]
    햇살이 비추는 아침에
    새로운 시작을 느껴

- [Chorus]

    우리는 함께 걸어가

    꿈을 향해 나아가

    https://bit.ly/3B9VTgt

- 가사 편집: 이미 생성된 곡의 가사를 수정하고 싶다면, Library에서 해당 곡을 선택하고 "Edit" 기능을 통해 가사를 변경할 수 있다. 이 기능을 통해 곡의 주제나 감정을 보다 적절히 조정할 수 있다.

나. 악기 구성 및 믹싱

Suno AI는 다양한 악기 구성을 지원하며, 이를 통해 곡의 전반적인 사운드를 조절할 수 있다. 사용자는 특정 악기를 강조하거나 추가하여 원하는 분위기를 연출할 수 있다.

- 악기 구성 지정: 프롬프트나 가사에 특정 악기를 명시하여 해당 악기가 곡에 포함되도록 설정할 수 있다. 예를 들어 "피아노 중심의 발라드"나 "[Guitar Solo]"와 같이 입력하면 AI가 해당 악기 중심으로 곡을 생성한다.

- 메타태그 활용: 메타태그를 사용하여 곡의 특정 부분에 악기나 분위기를 추가로 지정할 수 있다. 메타태그는 대괄호 [ ]로 표기되며, 곡의 스타일이나 분위기를 세밀하게 조절하는 데 도움을 준다. 예를 들어:

- [Verse 1]

    햇살이 비추는 아침에

    새로운 시작을 느껴

- [Chorus]

    우리는 함께 걸어가

    꿈을 향해 나아가

- [Guitar Solo]

    이처럼 메타태그를 사용하면 특정 구간에 악기나 스타일을 지정하여 더욱 세밀하게 곡을 구성할 수 있다.

다. 음악 길이 및 구조 조정

음악의 길이와 구조를 조정하여 원하는 형태의 곡을 완성할 수 있다. Suno AI는 음악의 길이를 조절하고 곡의 구조를 세분화하여 더욱 입체적인 곡을 제작할 수 있도록 돕는다.

- 음악 길이 조정: Suno AI는 최대 4분 길이의 곡을 생성할 수 있으며, 필요에 따라 곡의 길이를 늘리거나 줄일 수 있다. 프롬프트에서 원하는 길이를 명시하거나, 곡의 특정 부분을 반복하도록 설정하여 곡을 길게 조절할 수 있다.

- 구조 조정: 곡의 구조를 [Intro], [Verse], [Chorus], [Bridge], [Outro] 등의 구성으로 나누어 작성하면 AI가 이를 반영하여 곡을 생성한다. 예를 들어:

  - [Intro]
  - [Verse 1]
  - [Chorus]
  - [Verse 2]
  - [Chorus]
  - [Bridge]
  - [Chorus]
  - [Outro]

이와 같은 구조를 지정하면 곡의 흐름이 더욱 뚜렷해지고, 강조하고 싶은 부분을 효과적으로 표현할 수 있다.

이러한 고급 기능을 통해 사용자는 Suno AI로 더욱 세밀하고 개인화된 음악을 제작할 수 있다.

6. 영상 제작을 위한 음악 최적화 ──────────

영상 콘텐츠의 완성도를 높이기 위해서는 적절한 배경음악을 선택하고 이를 영상과 효과적으로 매칭하는 것이 중요하다. 이 장에서는 영상 제작에 Suno AI를 활용하여 음악을 최적화하는 방법에 대해 설명한다.

가. 영상 분위기에 맞는 음악 선택

음악은 영상의 분위기와 감정을 전달하는 핵심 요소이다. Suno AI는 다양한 음악 스타일과 장르를 제공하여, 영상의 주제와 분위기에 적합한 음악을 손쉽게 선택할 수 있다.

- 영상의 주제와 감정 파악: 먼저 영상이 전달하고자 하는 메시지와 감정을 파악해야 한다. 예를 들어, 따뜻하고 편안한 분위기의 영상에는 차분한 피아노 곡이, 역동적이고 활기찬 영상에는 강렬한 리듬의 전자 음악이 어울린다.
- 음악의 분위기 설정: Suno AI의 프롬프트에 특정 분위기와 감정을 표현하면, 이에 맞는 음악을 생성할 수 있다. 예를 들어, "밝고 활기찬 분위기의 팝 음악" 또는 "잔잔한 분위기의 어쿠스틱 곡"과 같이 프롬프트를 작성하여 영상의 분위기에 맞는 음악을 쉽게 선택할 수 있다.
- 장르 선택: 영상의 내용과 타겟 청중에 맞는 음악 장르를 선택하는 것도 중요하다. 예를 들어, 액션 장면에는 록이나 전자음악이 어울리며, 감성적인 장면에는 클래식이나 재즈가 잘 맞는다.

영상의 분위기와 감정에 맞는 음악을 선택함으로써 시청자가 영상에 몰입할 수 있도록 돕는다.

나. 타이밍과 비트 매칭

음악의 비트와 영상의 장면 전환을 일치시키면 영상과 음악이 더욱 자연스럽게 어우러지며, 영상의 역동성을 극대화할 수 있다.

- 음악 분석 및 비트 파악: 사용할 음악의 비트와 리듬을 먼저 파악한다. Suno AI에서 생성된 음악의 비트를 확인하거나, 편집 소프트웨어의 메트로놈 기능을 사용하여 주요 비트를 식별할 수 있다.

- 장면 전환과 비트 일치: 편집 소프트웨어에서 음악의 주요 비트에 마커를 추가하여 장면 전환이 비트와 맞도록 한다. 예를 들어, 강한 비트에서 컷을 전환하거나, 비트에 맞춰 텍스트나 효과를 배치하면 영상과 음악의 싱크가 맞아 더욱 역동적인 효과를 줄 수 있다.
- 자동 비트 맞추기 기능 활용: 일부 영상 편집 소프트웨어는 음악의 비트에 자동으로 맞춰 영상을 편집하는 기능을 제공한다. 이 기능을 활용하여 영상과 음악의 타이밍을 더욱 쉽게 맞출 수 있다.

비트 매칭을 통해 영상과 음악이 자연스럽게 어우러지며 시청자에게 강렬한 인상을 남길 수 있다.

다. 배경음악과 효과음의 조화

영상에서 배경음악과 효과음은 서로 조화를 이루어야 한다. 배경음악이 효과음을 압도하지 않도록 주의하며, 적절한 음량 조절과 주파수 대역 관리를 통해 둘의 조화를 유지하는 것이 중요하다.

- 음량 조절: 배경음악의 음량을 조절하여 효과음이나 대화가 더욱 명확히 들리도록 한다. 대화나 중요한 소리가 포함된 부분에서는 배경음악의 볼륨을 낮추어 두 소리가 겹치지 않도록 해야 한다.
- 주파수 대역 관리: 배경음악과 효과음이 같은 주파수 대역을 차지하게 되면 소리가 겹쳐서 청취에 불편함을 줄 수 있다. 이퀄라이저를 활용하여 각 소리의 주파수 대역을 조정하여 음이 겹치는 문제를 해결할 수 있다.
- 페이드 인/아웃 효과 사용: 배경음악과 효과음의 시작과 끝에 페이드 인/아웃 효과를 적용하여 자연스럽게 전환되도록 한다. 이는 영상의 흐름을 부드럽게 만들어 시청자가 더 쉽게 몰입할 수 있도록 돕는다.

배경음악과 효과음을 적절히 조화시키면 영상의 완성도가 높아지고, 시청자에게 더욱 풍부한 경험을 제공할 수 있다. Suno AI를 통해 생성된 음악과 이러한 편집 기법을 조합하여 영상에 맞춤형 음악을 효과적으로 활용할 수 있다.

7. Suno AI 활용 사례

Suno AI는 교육, 개인 창작, 상업적 프로젝트 등 다양한 분야에서 활용될 수 있는 강력한 도구이다. 이 장에서는 Suno AI를 실제로 활용한 몇 가지 사례를 소개함으로써 독자가 각자의 목적에 맞게 Suno AI를 응용할 수 있도록 한다.

가. 교육 현장에서의 활용

Suno AI는 교육 현장에서 창의적 학습을 돕는 도구로서 유용하게 활용될 수 있다. 예를 들어, 문학 수업에서 학생들이 자신만의 시를 쓰고 이를 Suno AI에 입력하여 노래로 만들 수 있다. 교사는 학생들에게 특정 주제에 대해 시나 짧은 글을 작성하게 한 후, 이를 Suno AI에 입력해 음악으로 완성한다. 학생들은 자신의 글이 음악으로 표현되는 과정을 통해 창의적인 성취감을 느끼며 학습 동기를 높일 수 있다.

또한, Suno AI는 음악 수업에서도 유용하다. 학생들은 자신이 생각하는 멜로디와 가사를 Suno AI를 통해 실현할 수 있다. 이를 통해 복잡한 작곡 기술 없이도 자신만의 곡을 만들어보는 경험을 제공하며, 창작 과정에 대한 흥미와 자신감을 심어준다.

나. 개인 창작에서의 활용

개인 창작자나 아마추어 음악가도 Suno AI를 활용하여 자신의 아이디어를 구체화할 수 있다. Suno AI는 텍스트 프롬프트만으로 곡을 생성할 수 있으므로, 특별한 작곡 지식이 없어도 손쉽게 음악을 만들 수 있다. 예를 들어, 유튜버나 소셜 미디어 콘텐츠 제작자는 Suno AI로 간단한 배경음악을 제작하여 영상에 삽입함으로써 콘텐츠의 품질을 높일 수 있다.

또한, 블로그나 팟캐스트 운영자도 Suno AI를 통해 맞춤형 음악을 제작하여 자신의 채널에 개성을 더할 수 있다. 예를 들어, 팟캐스트의 오프닝과 클로징 음악을 Suno AI로 제작하면, 브랜드 이미지를 구축하고 청취자에게 강한 인상을 남길 수 있다. 이러한 방식으로 Suno AI는 개인 창작자들에게 창의성을 발휘할 수 있는 도구로서 중요한 역할을 한다.

다. 상업적 프로젝트에서의 활용

상업적 프로젝트에서도 Suno AI는 음악 제작 비용과 시간을 절감하는 데 큰 도움이 된다. 광고, 영상 제작, 게임 등의 분야에서는 Suno AI로 생성한 배경음악이나 효과음을 활용하여 프로젝트의 완성도를 높일 수 있다. 예를 들어, 중소형 광고 회사는 Suno AI로 광고의 분위기에 맞는 배경음악을 빠르게 제작하여 예산과 시간을 절약할 수 있다.

또한, 게임 개발자들도 Suno AI를 통해 손쉽게 게임 내 배경음악을 생성할 수 있다. 예를 들어, 특정 레벨이나 스테이지에 맞는 음악을 지정하여 게임의 몰입감을 높일 수 있다. 상업적 사용을 위해 Suno AI는 유료 플랜을 제공하며, 이를 통해 상업적 권한을 얻어 프로젝트에서 안전하게 음악을 활용할 수 있다.

이와 같은 교육, 개인 창작, 상업적 프로젝트에서의 활용 사례는 Suno AI의 광범위한 응용 가능성을 보여준다. Suno AI는 누구나 손쉽게 음악을 제작할 수 있는 플랫폼으로, 창작자에게 새로운 가능성을 제시하며 다양한 창작 과정에서 유용한 도구로 자리 잡고 있다.

8. 음악 생성에 유용한 프롬프트 ————

음악 생성에 필요한 프롬프트 코드 및 단어를 정리할 때, 일반적으로 사용하는 접근법과 문구를 공유한다. 이러한 프롬프트는 음악의 스타일, 장르, 분위기 등을 명확히 정의하여 특정 요구 사항에 맞는 음악을 생성하는 데 유용하다.

Suno AI에서 음악을 생성할 때, 가사 작성 시 다음과 같은 명령어를 활용하여 곡의 구조를 명확히 할 수 있다:

가. 가사 작성 프롬프트

- `[Intro]`: 곡의 도입부를 나타낸다.
- `[Verse 1]`, `[Verse 2]`: 첫 번째와 두 번째 절을 구분한다.

- `[Chorus 1]`, `[Chorus 2]`: 첫 번째와 두 번째 후렴구를 지정한다.

- `[D-Bridge]`: 연결 부분을 표시한다.

- `[Outro]`: 곡의 마무리 부분을 나타낸다.

- `[END]`: 곡의 종료를 명시한다.

이러한 명령어를 사용하여 가사를 작성하면, Suno AI가 곡의 구조를 이해하고 원하는 형태의 음악을 생성하는 데 도움이 된다.

나. 장르 (Genre)

음악의 전반적인 스타일을 결정하는 요소로, 다음과 같은 장르를 선택할 수 있다:

- 팝 (Pop)

- 록 (Rock)

- 재즈 (Jazz)

- 클래식 (Classical)

- 힙합 (Hip-hop)

- 일렉트로닉 (Electronic)

- 포크 (Folk)

- 블루스 (Blues)

- 컨트리 (Country)

- 레게 (Reggae)

다. 분위기/무드 (Mood)

음악이 전달하는 감정이나 분위기를 설정하는 요소로, 다음과 같은 무드를 지정할 수 있다:

- 밝은 (Bright)

- 어두운 (Dark)

- 낭만적인 (Romantic)

- 긴장감 있는 (Tense)

- 평화로운 (Peaceful)

- 활기찬 (Energetic)

- 우울한 (Melancholic)

- 신나는 (Exciting)

- 차분한 (Calm)

- 행복한 (Happy)

라. 속도/템포 (Tempo)

음악의 빠르기를 결정하는 요소로, BPM(분당 박자 수)으로 표현된다:

- 느린 템포 (Slow Tempo): 60-80 BPM

- 중간 템포 (Moderate Tempo): 80-120 BPM

- 빠른 템포 (Fast Tempo): 120-160 BPM

마. 특정 악기 (Instruments)

음악에 사용되는 주요 악기를 지정하여 원하는 사운드를 강조할 수 있다:

- 피아노 (Piano)

- 기타 (Guitar)

- 드럼 (Drums)

- 베이스 (Bass)

- 바이올린 (Violin)

- 첼로 (Cello)

- 플루트 (Flute)

- 색소폰 (Saxophone)

- 신디사이저 (Synthesizer)

- 트럼펫 (Trumpet)

바. 사운드 특성 (Sound Characteristics)

음악의 전반적인 사운드 특성을 정의하여 원하는 느낌을 구체화할 수 있다:

- 어쿠스틱 (Acoustic): 자연스러운 소리

- 일렉트로닉 (Electronic): 전자음 기반

- 로파이 (Lo-fi): 저음질의 빈티지한 느낌

- 오케스트라 (Orchestral): 풍부한 관현악 사운드

- 미니멀리즘 (Minimalistic): 단순하고 절제된 구성

- 신스웨이브 (Synthwave): 80년대 전자음악 스타일

- 펑키 (Funky): 그루브감 있고 리드미컬한 사운드

- 앰비언트 (Ambient): 배경음악으로 적합한 부드러운 사운드

- 블루지 (Bluesy): 블루스 특유의 감성적인 사운드

- 레트로 (Retro): 복고풍의 사운드

사. 프롬프트 작성 예시

위의 요소들을 조합하여 프롬프트를 작성하면, Suno AI가 원하는 음악을 생성하는 데 도움이 된다.

- 예시 1: "밝고 활기찬 무드의 팝 장르 곡으로, 빠른 템포(130 BPM)에 신디사이저와 드럼을 사용한 일렉트로닉 사운드로 만들어주세요."
  https://bit.ly/3B1g7Jo
- 예시 2: "차분하고 평화로운 무드의 어쿠스틱 포크 곡으로, 느린 템포(70 BPM)에 기타와 플루트를 사용한 미니멀리즘 사운드로 만들어주세요."
  https://bit.ly/3OzOEl9
- 예시 3: "긴장감 있는 무드의 오케스트라 클래식 곡으로, 중간 템포(100 BPM)에 바이올린과 첼로를 사용한 드라마틱한 사운드로 만들어주세요."
  https://bit.ly/3ZAMBUf

아. 장르별 음악 생성 예시

영상 제작 시 각 장르에 어울리는 음악을 생성하기 위해 Suno AI에서 활용할 수 있는 프롬프트 예시를 다음과 같이 정리하였다.

1) 액션 영화
프롬프트 예시:

"빠른 템포의 강렬한 오케스트라 음악으로, 드럼과 브라스 섹션이 강조된 긴장감 넘치는 사운드"

들어보기 : https://bit.ly/4ihSkFx

설명: 액션 장면의 박진감을 높이기 위해 빠른 템포와 강렬한 악기 구성을 강조한다.

2) 로맨틱 코미디
프롬프트 예시:

"밝고 경쾌한 어쿠스틱 팝 음악으로, 기타와 피아노를 중심으로 한 따뜻한 분위기"

들어보기 : https://bit.ly/49inSqQ

설명: 로맨틱한 장면에 어울리는 따뜻하고 경쾌한 분위기를 조성한다.

3) 공포 영화
프롬프트 예시:

"느린 템포의 어두운 앰비언트 음악으로, 신디사이저와 현악기의 불협화음을 활용한 긴장감 있는 사운드"

들어보기 : https://bit.ly/3Zw0IKl

설명: 공포스러운 분위기를 조성하기 위해 어두운 톤과 불협화음을 사용한다.

4) 다큐멘터리
프롬프트 예시:

"잔잔한 템포의 클래식 음악으로, 피아노와 현악기의 조화를 이루는 차분하고 서정적인 분위기"

설명: 다큐멘터리의 진지한 분위기를 강조하기 위해 차분한 클래식 음악을 선택한다.

5) 판타지 영화

프롬프트 예시:

"중간 템포의 신비로운 오케스트라 음악으로, 하프와 플루트를 활용한 몽환적인 분위기"

들어보기 : https://bit.ly/4f0wQdu

설명: 판타지 세계의 신비로움을 표현하기 위해 몽환적인 악기 구성을 사용한다.

6) 코미디 영화

프롬프트 예시:

"빠른 템포의 경쾌한 재즈 음악으로, 색소폰과 피아노를 중심으로 한 유쾌한 분위기"

들어보기 : https://bit.ly/3Vj9ZCU

설명: 코믹한 장면에 어울리는 경쾌하고 유쾌한 재즈 음악을 선택한다.

7) 드라마

프롬프트 예시:

"느린 템포의 감성적인 발라드로, 피아노와 첼로를 활용한 깊은 감정 표현"

설명: 드라마틱한 감정선을 강조하기 위해 감성적인 발라드 음악을 사용한다.

이러한 프롬프트를 활용하여 Suno AI에서 각 영상 장르에 적합한 음악을 생성할 수 있다.

9. 미래 전망과 Suno AI의 발전 가능성 ──────

AI 음악 생성 기술은 계속해서 발전하고 있으며, 앞으로 더 많은 창작자와 산업 분야에서 활용될 가능성이 크다. 이 장에서는 AI 음악 생성 기술의 발전 방향과 영상 제작 산업에서 AI가 어떻게 사용될 수 있는지, 그리고 Suno AI의 향후 가능성에 대해 살펴본다.

가. AI 음악 생성의 발전 방향

AI 음악 생성 기술은 사용자의 취향과 요구에 맞는 맞춤형 음악을 실시간으로 생성할 수 있는 방향으로 나아가고 있다. 이러한 발전은 다음과 같은 방식으로 음악 창작과 소비에 변화를 일으킬 것이다.

- 개인화된 음악 생성: AI는 사용자의 감정과 취향을 분석하여 개인화된 음악을 제공할 수 있는 가능성을 지니고 있다. 예를 들어, AI는 사용자의 선호도를 기반으로 음악을 생성하여 특정 시간대나 기분에 맞는 음악을 추천하거나 직접 제작해 줄 수 있다. 이를 통해 음악 소비의 개인화가 더욱 강화될 것이다.

- 실시간 음악 생성: AI 연산 능력의 발전으로 실시간으로 음악을 생성하고 변형하는 기술이 가능해지고 있다. 이는 라이브 공연이나 인터랙티브 콘텐츠에서 활용될 수 있으며, 게임이나 가상현실에서 사용자가 상황에 따라 즉각적으로 변하는 배경음악을 즐길 수 있게 한다.

- 새로운 음악 스타일과 장르의 창출: AI는 방대한 음악 데이터를 학습하여 기존에 없던 새로운 스타일과 장르를 창조할 가능성이 있다. 예를 들어, 여러 장르를 융합하여 새로운 음악 스타일을 만들어내거나, 특정 아티스트의 스타일을 기반으로 창의적인 변화를 줄 수 있다. 이러한 발전은 음악 창작의 경계를 넓히고 더욱 다양한 창작물이 탄생할 수 있도록 돕는다.

나. 영상 제작 산업에서의 AI 활용 트렌드

AI는 영상 제작 산업에서도 점차 활용이 확대되고 있으며, 콘텐츠 제작의 효율성과 창의성을 동시에 높이는 데 기여하고 있다. 주요 트렌드는 다음과 같다.

- 콘텐츠 생성의 자동화: AI는 영상 편집, 특수 효과, 애니메이션 등 다양한 콘텐츠 생성 과정을 자동화하여 제작 시간을 단축하고 비용을 절감한다. 예를 들어, AI 기반 영상 생성 도구를 사용하면 텍스트만 입력해도 간단한 동영상을 제작할 수 있으며, Suno AI와 같은 음악 생성 도구를 통해 영상에 맞는 배경음악을 손쉽게 추가할 수 있다.

- 가상 캐릭터와 디지털 휴먼의 활용: AI를 이용해 현실감 있는 가상 캐릭터나 디지털 휴먼을 생성하고, 이를 통해 새로운 형태의 콘텐츠를 제작하는 시도가 늘어나고 있다. AI 기반의 목소리와 음악을 사용하여 가상 아이돌을 만들거나, 특정 아티스트의 목소리를 재현하여 다양한 창작 콘텐츠에 활용할 수 있다.

- 데이터 기반 콘텐츠 최적화: AI는 시청자 데이터를 분석하여 선호도에 맞는 콘텐츠를 추천하거나, 콘텐츠의 구조와 내용을 최적화하는 데 활용된다. 이를 통해 콘텐츠 제작자는 더욱 개인화된 경험을 제공할 수 있으며, Suno AI와 같은 도구를 통해 사용자 선호도에 맞는 음악을 자동 생성하여 콘텐츠의 완성도를 높일 수 있다.

다. Suno AI의 향후 가능성

Suno AI는 AI 음악 생성의 혁신을 주도하는 플랫폼으로, 앞으로도 다양한 업데이트와 기능 개선을 통해 사용자들에게 더 많은 가능성을 제공할 것으로 기대된다.

- 실시간 협업 기능: Suno AI는 향후 여러 사용자가 동시에 음악을 생성하고 편집할 수 있는 협업 기능을 제공할 가능성이 있다. 이 기능을 통해 팀 단위의 창작자들이 Suno AI를 활용하여 효율적으로 음악을 제작하고 실시간으로 피드백을 주고받을 수 있을 것이다.

- 확장된 음악 스타일과 장르: Suno AI는 점점 더 다양한 스타일과 장르를 지원하며, 이를 통해 사용자가 원하는 스타일의 음악을 더욱 자유롭게 제작할 수 있도록 지원할 것이다. 미래에는 특정 시대나 아티스트의 스타일을 더욱 세밀하게 재현할 수 있는 기능이 추가될 가능성도 있다.

- 영상과의 통합 기능 강화: Suno AI는 향후 영상 제작 도구와 더욱 긴밀하게 연동되어, 영상에 최적화된 음악을 자동으로 생성하거나 편집 기능을 제공할 수 있을 것이다. 이는 Suno AI를 사용하여 더욱 높은 완성도의 영상 콘텐츠를 제작할 수 있도록 도울 것이다.

이러한 발전을 통해 Suno AI는 창작의 효율성과 접근성을 높이며, 다양한 분야에서 창작자들에게 새로운 가능성을 열어줄 것이다. AI 음악 생성 기술의 지속적인 발전과 더불어 Suno AI는 미래의 창작 환경에서 중요한 역할을 할 것으로 기대된다.

10. Epilogue

AI 기술은 음악 창작의 새로운 지평을 열고 있다. Suno AI와 같은 플랫폼을 통해 누구나 손쉽게 자신이 원하는 스타일과 분위기의 음악을 만들어낼 수 있게 되었으며, 이로 인해 창작 과정의 장벽이 낮아지고 있다. 더 이상 전문적인 작곡 지식이 없어도, 단 몇 번의 클릭만으로 완성도 높은 음악을 생성할 수 있는 시대가 온 것이다.

이 책은 Suno AI의 기본 사용법부터 고급 기능 활용, 다양한 실전 사례와 미래 전망에 이르기까지 다양한 측면을 다루었다. Suno AI는 초보 사용자부터 전문가에 이르기까지 다양한 창작자에게 영감을 주고 있으며, 특히 영상 제작자나 콘텐츠 창작자에게 있어 배경음악 제작의 필수 도구로 자리 잡고 있다.

Suno AI를 통해 창작자들은 더욱 빠르고 효율적으로 원하는 음악을 만들어낼 수 있으며, 이를 통해 창작의 과정이 더욱 즐겁고 풍성해진다. AI가 제공하는 창작의 도구는 단순한 보조 수단을 넘어, 새로운 아이디어와 상상력을 실현할 수 있는 강력한 동반자 역할을 하고 있다. Suno AI와 함께하는 창작의 여정은 끝이 없다. 지금 이 순간에도 새로운 가능성이 열리고 있으며, 앞으로도 AI와 음악의 융합이 만들어낼 무한한 세계가 우리를 기다리고 있다.

이 책을 통해 Suno AI를 효과적으로 활용하여 창작의 기쁨을 발견하길 바라며, AI와 함께하는 창의적 여정에 도움이 되었기를 바란다. Suno AI와 함께 새로운 음악의 세계로 발걸음을 내딛는 독자 여러분의 앞날에 무한한 영감이 가득하기를 기원한다.

V.

쉽고 빠르게 배우는 AI 아트!
- 미드저니 웹버전 활용편 -

저자 유경화

1. Prologue: 상상을 현실로 바꾸는 도구, 미드저니

창작은 인간의 본능이며, 상상은 그 본능의 가장 아름다운 표현이다. 하지만 창작은 종종 전문적인 기술과 도구를 필요로 하는 영역으로 여겨져 왔다. 복잡한 기술과 높은 진입 장벽은 많은 이들의 창작 열망을 가로막는 장애물로 작용해 왔다. 그러나 오늘날, 우리는 인공지능이라는 혁신적인 도구를 통해 그 벽을 허물 수 있는 시대에 살고 있다.

미드저니(Midjourney)는 텍스트를 기반으로 이미지를 생성하는 AI 도구이다. 단 몇 줄의 글로도 상상 속의 장면을 눈앞의 현실로 바꿀 수 있는 힘을 제공한다. 그림을 그리는 방법을 모르더라도, 복잡한 소프트웨어를 다룰 줄 몰라도, 누구나 미드저니를 통해 자신만의 독창적인 이미지를 창작할 수 있다.

이 책은 미드저니를 활용해 창작의 첫걸음을 내디딜 독자들을 위한 가이드이다. 초보자도 손쉽게 따라 할 수 있도록 기본 사용법부터 고급 활용법까지 체계적으로 다루었다. 상상력을 시각적 작품으로 구현하는 법, 효과적인 프롬프트 작성 요령, 그리고 실질적인 프로젝트에 적용하는 방법을 상세히 소개하였다.

미드저니는 단순히 이미지를 생성하는 도구에 머물지 않는다. 그것은 창작의 파트너이며, 상상의 날개이다. 독자 여러분이 이 책을 통해 미드저니를 만나고, 자신의 상상력을 마음껏 발휘하며, 창작의 즐거움을 경험하기를 바란다.

이제, 미드저니와 함께 새로운 세상을 만들어 나갈 준비가 되었는가? 그렇다면 상상을 현실로 바꾸는 여정을 시작해 보자. AI와 함께하는 상작의 혁신이 여러분을 기다리고 있다.

2. 생성형 AI와 이미지 생성의 원리

가. 생성형 AI의 개념과 역사

생성형 AI는 데이터를 학습하여 새로운 데이터를 생성할 수 있는 인공지능의 한 유형이다. 기존의 AI가 주어진 데이터를 분석하고 예측하는 데 주로 사용되었다면, 생성형 AI는 새로운 데이터를 창작하는 기능을 가진다. 예술 작품을 그리거나 음악을 작곡하고, 텍스트를 통해 소설을 생성하는 등 다양한 분야에 활용되고 있다.

생성형 AI의 발전은 특히 딥러닝과 신경망 기술의 발전과 함께 이루어졌다. 2014년에 등장한 생성적 적대 신경망(GAN, Generative Adversarial Networks)은 AI가 사실적인 이미지를 생성하는 데 큰 전환점을 제공했다. GAN은 두 개의 신경망이 경쟁하며 발전하는 구조로, 생성자와 판별자가 서로의 약점을 보완해 나가는 과정에서 점점 더 정교한 이미지를 만들어내는 방식이다. 2020년대에는 트랜스포머(Transformer) 아키텍처가 더해져 더욱 높은 수준의 이미지와 텍스트 생성이 가능해졌다.

나. 이미지 생성 AI의 기본 원리

이미지 생성 AI는 텍스트로 입력된 설명을 해석해 그에 맞는 이미지를 만들어내기 위해 훈련된 모델이다. 이 모델은 수많은 이미지를 학습하여 텍스트와 이미지 간의 관계를 파악한다. 사용자가 입력한 텍스트, 즉 프롬프트(prompt)를 통해 AI는 그 설명에 부합하는 이미지를 생성한다.

미드저니 같은 AI는 주로 합성곱 신경망(CNN, Convolutional Neural Network)과 트랜스포머 모델을 결합하여 텍스트와 이미지의 맥락을 이해한다. 예를 들어, "밝은 햇살 아래 서 있는 고양이"라는 프롬프트가 입력되면, AI는 '밝은 햇살'과 '고양이'라는 요소를 해석하여 해당 이미지를 만든다. 이러한 과정을 통해 AI는 단순한 그림을 넘어 감정과 스타일을 반영한 이미지를 생성할 수 있다.

다. 생성형 AI의 다양한 활용 분야

생성형 AI는 오늘날 다양한 분야에서 창작의 가능성을 넓히고 있다. 주요 활용 분야는 다음과 같다:

1) 예술과 디자인: 예술가와 디자이너들은 생성형 AI를 통해 새로운 스타일의 작품을 창작하고, 기존의 예술 형식과 융합해 독창적인 작품을 만들어내고 있다. 미드저니나 DALL·E와 같은 도구는 디자이너들이 아이디어를 신속하게 시각화하는 데 유용하다.

2) 영화 및 게임 산업: 영화와 게임 제작에서도 생성형 AI가 활용되고 있다. 가상 배경을 설정하거나, 캐릭터를 디자인할 때 AI가 생성한 이미지를 통해 세계관을 시각적으로 표현할 수 있다. 이를 통해 복잡한 설정과 장면도 효과적으로 구현할 수 있다.

3) 광고와 마케팅: 생성형 AI는 마케팅 분야에서도 혁신을 이끌고 있다. 특정 연령층이나 취향에 맞춘 광고 콘텐츠를 AI가 생성해냄으로써 높은 반응률을 기대할 수 있다.

4) 의료 및 교육: AI는 의료 영상 분석을 돕고, 환자 맞춤형 진단 이미지를 생성하는 데 활용된다. 또한, 교육 분야에서는 학습 자료를 시각적으로 표현하거나 개인별 학습 경로를 제시해 학습 효율을 높이는 데 사용되고 있다.

생성형 AI는 이렇게 다양한 분야에서 새로운 가능성을 열어가고 있다.

3. 미드저니 소개와 동작 원리

가. 미드저니의 개요와 특징

미드저니(Midjourney)는 텍스트를 입력하면 그에 맞는 이미지를 생성해 주는 AI 도구이다. 사용자가 원하는 장면이나 캐릭터를 문장으로 설명하면, 미드저니는 이를 기반으로 이미지를 만든다. 미드저니는 주로 디스코드(Discord)라는 플랫폼에서 봇(bot) 형태로 제공되며, 초보자도 쉽게 접근할 수 있다. 그래픽 디자인 지식이 없어도 고품질의 이미지를 제작할 수 있기 때문에 많은 이들이 미드저니를 활용해 창작하고 있다.

미드저니의 특징은 다음과 같다:

1) 창의적 스타일링: 미드저니는 사실적인 이미지뿐만 아니라, 예술적이거나 몽환적인 느낌의 이미지도 만들어낸다. 사용자들은 다양한 스타일을 실험하며 창의성을 발휘할 수 있다.

2) 다양한 해상도와 비율 지원: 사용자가 원하는 이미지의 해상도와 비율을 설정할 수 있어, 프로젝트에 맞는 결과물을 얻기 좋다.

3) 프롬프트 기반 생성: 텍스트 입력에 따라 다양한 이미지가 생성되므로, 같은 주제라도 여러 버전의 결과물을 시도할 수 있다.

이와 같은 장점을 통해 미드저니는 전통적인 드로잉이나 디자인 툴보다 접근성이 높고, 짧은 시간 내에 창의적 아이디어를 시각화하는 데 매우 유용하다.

나. 미드저니의 동작 방식과 기술적 배경

미드저니는 주로 디퓨전 모델(Diffusion Model)과 트랜스포머 모델(Transformer Model)을 결합하여 작동한다. 이 두 가지 모델은 미드저니가 텍스트와 이미지를 효율적으로 연결해 시각적 표현을 만들어 내는 데 중요한 역할을 한다.

1) 디퓨전 모델: 디퓨전 모델은 이미지를 단계적으로 생성하며 점차적으로 디테일을 더해 완성해 가는 방식이다. 이 과정에서 다양한 색감과 질감이 자연스럽게 표현되므로 미드저니가 사실적이면서도 독창적인 스타일을 만들어 낸다.

2) 트랜스포머 모델: 트랜스포머 모델은 텍스트의 맥락을 이해하고 이를 이미지로 변환하는 역할을 한다. 예를 들어, "햇살이 비치는 강가의 고양이"라는 텍스트를 입력하면 AI가 '햇살'과 '강가', '고양이'라는 요소 간의 관계를 분석해 그에 맞는 이미지를 만든다.

이 두 모델이 결합하여 미드저니는 사용자의 입력을 반영하면서도 예상치 못한 창의적인 스타일과 구도를 제공한다.

다. 미드저니의 주요 기능과 장점

미드저니는 초보자부터 전문가까지 누구나 쉽게 사용할 수 있도록 다양한 기능을 제공한다. 미드저니의 주요 기능과 장점은 다음과 같다:

1) 프롬프트에 따른 다양한 결과 제공: 미드저니는 동일한 프롬프트를 입력해도 매번 약간씩 다른 이미지를 만들어 내므로, 사용자가 다양한 스타일을 시도할 수 있다.

2) 업스케일링 기능: 생성된 이미지를 고해상도로 변환해 인쇄나 디지털 포트폴리오 등의 용도로 활용할 수 있다.

3) 프롬프트와 파라미터 조정 기능: 특정 스타일이나 효과를 더하고 싶을 때 프롬프트와 함께 파라미터를 조정해 고유한 이미지 스타일을 만들어 낼 수 있다. 예를 들어, `--ar 16:9`와 같은 비율 설정을 통해 원하는 화면 비율에 맞는 이미지를 생성할 수 있다.

4) 기본 제공되는 스타일: 미드저니는 다양한 기본 스타일 옵션을 제공해 사용자들이 손쉽게 시작할 수 있다. 현실적, 추상적, 판타지풍 등 여러 스타일을 손쉽게 설정할 수 있다.

5) 디스코드 기반의 커뮤니티 협업: 디스코드 내에서 다른 사용자들이 생성한 이미지와 프롬프트를 공유하고 참고할 수 있어 창작에 영감을 얻기 좋다.

미드저니는 단순히 이미지를 생성하는 도구가 아니라, 창작의 파트너로서 여러 사용자가 협력하며 자신의 창작물을 발전시킬 수 있는 플랫폼으로 성장하고 있다.

4. 미드저니 웹버전 설치 및 기본 사용법 ─────

가. 미드저니 웹버전 접속 방법

미드저니는 디스코드뿐만 아니라 독립적인 웹버전을 제공하여, 사용자들이 더 편리하게 AI 이미지를 생성할 수 있게 돕는다. 웹버전을 사용하려면 미드저니의 공식 웹사이트(https://www.midjourney.com)에 접속하면 된다. 웹사이트에 접속한 뒤 Sign Up 버튼을 눌러 계정을 생성하거나 기존 계정으로 로그인하면 된다.

기존 아이디가 있는 사용자는 로그인.

처음 사용자는 회원가입.

로그인 후에는 웹사이트 상단 메뉴에서 이미지 생성 도구를 사용할 수 있다. 직관적인 인터페이스 덕분에 초보자도 손쉽게 미드저니의 기능을 활용할 수 있다.

나. 회원가입 및 로그인 절차

회원가입 과정은 다음과 같이 간단하다:

1) 회원가입 시작: 미드저니 웹사이트에 접속하여 회원가입 버튼을 클릭한다.
2) 계정 정보 입력: 이메일 주소와 비밀번호를 입력해 계정을 생성한다.
3) 로그인 완료: 계정을 생성한 후 자동으로 로그인되며, 이후 생성한 계정을 사용해 언제든 접속할 수 있다.

회원가입이 완료되면 바로 미드저니 웹버전의 다양한 기능을 활용해 이미지를 생성할 준비가 끝난다.

다. 기본 인터페이스 소개

미드저니 웹버전의 인터페이스는 사용자 친화적으로 설계되어 있다. 로그인 후 보이는 화면은 다음과 같은 주요 요소로 구성되어 있다:

1) 이미지 프롬프트 입력 영역: 원하는 장면이나 주제를 설명하는 텍스트를 입력할 수 있는 공간이다.
2) 이미지 참조 기능: 기존에 생성한 이미지를 참조하거나 업로드하여 새로운 이미지를 생성할 수 있다.
3) 설정 도구: 프롬프트 외에도 이미지 비율, 스타일, 버전 등을 설정할 수 있다.
4) 이미지 검색 기능: 다른 사용자가 생성한 이미지를 검색해 참고할 수 있다.

❶ 참조할 이미지파일 업로드 기능

❷ 미드저니에서 생성한 내 그림에서 참조할 이미지 선택 기능

❸ 입력한 텍스트 프롬프트를 잠그거나 해제, 휴지통 버튼은 첨부이미지 삭제

이 인터페이스는 사용자가 쉽게 프롬프트를 입력하고 설정을 조정해 창의적인 결과물을 만들어낼 수 있도록 돕는다.

❶ 캐릭터 참조 : 선택한 이미지의 캐릭터를 참조하여 이미지 생성

❷ 스타일 참조 : 이미지의 분위기 스타일을 참조하여 이미지 생성

❸ 이미지 프롬프트 : 첨부한 이미지와 텍스트 프롬프트를 합성하여 이미지 생성

※ 원하는 참조를 하나씩 선택하여 사용할 수 있으며 모두 다 적용하고 싶다면 [Shift]키를 누르고 버튼을 클릭한다.

❹ 스타일 참조를 클릭하여 프롬프트에 boy를 입력하면 하여 생성된 이미지(아래 그림)

라. 첫 이미지 생성하기

미드저니 웹버전에서 이미지를 생성하는 과정은 간단하다:

1) 프롬프트 입력: 프롬프트 입력 영역에 생성하고자 하는 이미지의 내용을 설명한다. 예를 들어, "a serene lake surrounded by snowy mountains at sunset"와 같이 구체적으로 묘사하면 된다.

2) 설정 조정: 이미지의 비율, 스타일, 해상도 등을 설정한다. 예를 들어, 가로형 이미지가 필요하면 `--ar 16:9`와 같은 비율을 지정할 수 있다.

3) 이미지 생성: 프롬프트를 입력한 뒤 Enter 키를 누르면 AI가 작업을 시작한다. 몇 초 후 생성된 이미지가 화면에 표시된다.

4) 결과 확인 및 수정: 생성된 이미지를 확인한 뒤, 필요하면 업스케일링(Upscaling)으로 해상도를 높이거나 변형(Variation) 기능으로 새로운 스타일을 시도할 수 있다.

이 과정을 통해 초보자도 손쉽게 첫 번째 AI 이미지를 생성할 수 있다.

마. 참고 사항: 생성 결과물의 관리

생성된 이미지는 저장하거나 프로젝트별로 정리할 수 있다. 미드저니 웹버전에서는 다음과 같은 관리 기능을 제공한다:

1) 저장 및 다운로드: 생성된 이미지를 자신의 디바이스에 저장할 수 있다.
2) 갤러리 보기: 생성한 모든 이미지를 한눈에 볼 수 있는 갤러리 기능을 통해 결과물을 정리한다.
3) 공유 옵션: 생성된 이미지를 다른 사람과 쉽게 공유하거나 커뮤니티에 게시해 피드백을 받을 수 있다.

미드저니 웹버전은 이처럼 직관적이고 강력한 도구로, 사용자들이 쉽게 AI 이미지 생성에 익숙해질 수 있도록 돕는다.

5. 프롬프트 작성법과 파라미터 활용 ————

가. 효과적인 프롬프트 작성 요령

미드저니에서 원하는 이미지를 정확히 얻기 위해서는 텍스트 프롬프트를 명확하고 구체적으로 작성하는 것이 중요하다. 프롬프트는 AI가 이미지의 스타일, 구도, 색감 등을 이해하고 표현하는 데 핵심 역할을 한다. 아래는 초보자도 쉽게 따라할 수 있는 프롬프트 작성 요령이다:

1) 구체적인 묘사: "a serene lake surrounded by snowy mountains at sunset"처럼 장면을 상세히 묘사하면 AI가 더 정교하고 사실적인 이미지를 생성한다.
2) 스타일 지시: "in the style of watercolor painting" 또는 "digital art"와 같이 원하는 예술 스타일을 명확히 지시하면 AI가 해당 스타일을 반영해 이미지를 만든다.

a serene lake surrounded by snowy mountains at sunset | in the style of watercolor painting | --ar 16:9

3) 키워드 배치: 중요한 단어나 스타일 관련 키워드를 앞쪽에 배치해 강조한다. 예를 들어, "vibrant colors, hyper-realistic portrait of a young woman"과 같이 작성하면 색감과 사실적 표현을 중점으로 둔 이미지를 얻기 쉽다.

4) 감정과 분위기 표현: "calm," "mysterious," "joyful"과 같은 감정적 키워드를 추가해 AI가 이미지에 감정이나 분위기를 시각적으로 반영하게 한다.

이와 같은 요령을 통해 프롬프트를 작성하면 AI가 더욱 정확하고 섬세한 이미지를 생성하게 된다.

나. 다양한 파라미터의 의미와 사용법

미드저니에서는 프롬프트와 함께 여러 파라미터를 조정하여 맞춤형 결과를 얻을 수 있다. 아래는 자주 사용되는 주요 파라미터와 그 사용법이다:

1) --ar (Aspect Ratio): 이미지의 비율을 설정한다. 예를 들어, `--ar 16:9`와 같이 설정하면 가로형 이미지를, `--ar 1:1`로 설정하면 정사각형 이미지를 생성한다. 이미지의 용도에 따라 적합한 비율을 지정할 수 있다.

2) --q (Quality): 이미지의 품질을 조절한다. 기본값은 1이며, 값을 높일수록 이미지의 디테일이 향상된다. 예를 들어, `--q 2`로 설정하면 고품질 이미지를 생성하지만 처리 시간이 길어질 수 있다.

3) --v (Version): 미드저니의 버전을 선택할 수 있다. 최신 버전은 이미지 품질이 높으나, 특정 버전이 스타일에 더 적합하다면 해당 버전을 지정할 수 있다.

4) --no: 특정 요소를 제외할 때 사용한다. 예를 들어, `--no background`를 입력하면 배경이 없는 이미지를 생성하게 된다.

이러한 파라미터들을 적절히 활용하여 AI가 생성하는 이미지의 스타일과 구체성을 더욱 세밀하게 조정할 수 있다.

다. 프롬프트와 파라미터를 활용한 이미지 생성 예시

프롬프트와 파라미터를 조합해 다양한 스타일의 이미지를 생성할 수 있다. 몇 가지 예시는 다음과 같다:

1) 간단한 풍경 이미지 생성:

예시: `a peaceful forest clearing with soft sunlight filtering through trees --ar 16:9 --q 2

이 프롬프트는 평화로운 숲 속 풍경을 표현하며, 고화질(`--q 2`)과 넓은 비율(`--ar 16:9`) 설정을 통해 더 넓고 선명한 장면을 생성한다.

2) 초현실적 캐릭터 생성:

예시: `a futuristic cyborg woman with neon blue eyes and metallic skin, highly detailed --v 5 --q 2 --ar 9:16

이 프롬프트는 초현실적인 스타일의 캐릭터를 만들기 위해 세밀한 표현을 강조하며, 버전설정(`--v 5`)과 고화질(`--q 2`)을 설정해 세부적인 묘사가 가능하다.

3) 배경 없는 제품 이미지 생성:

예시: `a luxury wristwatch with a black leather band and silver dial --no background --q 2

이 프롬프트는 특정 배경을 제외하고 제품만을 강조하며, 고화질 설정(`--q 2`)과 함께 배경 제거(`--no background`)로 깔끔한 제품 이미지를 생성한다.

라. 실전 팁: 프롬프트와 파라미터의 조합 실험

AI 이미지 생성은 반복과 실험을 통해 최적화된다. 동일한 프롬프트라도 파라미터를 조금씩 바꾸어 실험하면 다양한 결과물을 얻을 수 있다.

1) 프롬프트 재구성: 특정 스타일이 마음에 든다면 프롬프트를 그대로 두고 파라미터만 변경해 다른 스타일을 비교해볼 수 있다. 예를 들어, `--v` 파라미터를 바꾸어 스타일을 실험한다.

2) 결과물의 변형: 동일한 프롬프트로도 변형(Variation) 옵션을 통해 약간씩 다른 버전을 생성해 다양한 스타일을 시도할 수 있다.

3) 고화질 이미지 생성: `--q` 파라미터를 2 이상으로 설정하면 더욱 정교한 이미지를 얻을 수 있어 최종 프로젝트에 적합한 고품질 이미지를 만들 수 있다.

프롬프트와 파라미터는 AI 이미지 생성에서 창의성과 개인 취향을 반영하는 중요한 도구이다. 이를 적절히 활용해 AI의 기본 스타일을 넘어 자신만의 독창적인 이미지를 창출할 수 있다.

6. 동일 캐릭터 생성과 웹툰 제작

가. 동일 캐릭터의 일관성 유지 방법

미드저니를 통해 동일한 캐릭터를 여러 이미지에서 일관되게 생성하려면 캐릭터의 특징과 설정을 반복적으로 사용해야 한다. 특히 웹툰이나 시리즈 이미지 작업에서는 캐릭터의 얼굴, 헤어스타일, 의상, 표정 등을 일정하게 유지하는 것이 필수적이다.

1) 일관된 특징 묘사: 프롬프트에 캐릭터의 외모와 특징을 구체적으로 기재해야 한다. 예를 들어, "blue-haired woman with sharp eyes and a long scar on her left cheek"과 같이 주요 특징을 반복적으로 사용하여 AI가 캐릭터의 고유 요소를 인식하게 한다.

예시:

- 'A blue-haired samurai-style woman with sharp eyes and a long scar on her left cheek, standing in a quiet alley at dusk, looking around with a mysterious expression, Japanese anime warrior style.'

- 'A blue-haired woman with a samurai aura, a scar on her left cheek, turning around suddenly with a surprised expression as someone calls her from behind, in Japanese anime style.'

- 'A blue-haired anime-style warrior woman with a scar on her left cheek, gazing down with a soft, melancholic expression, as memories from her past resurface, in samurai-style clothing.'

- 'A blue-haired woman with a samurai spirit and a scar on her left cheek, looking forward with a determined, fierce expression, ready to face her destiny, Japanese anime warrior style.'

2) 특정 스타일 고정: 프롬프트에 캐릭터의 스타일이나 분위기를 고정하여 입력한다. 예를 들어, "in a comic book style" 또는 "anime style" 같은 스타일을 추가하면 AI가 캐릭터의 스타일을 일관성 있게 유지한다.

예시:

- 'A curious and cute young boy with a mischievous smile, standing in front of a large box with a 'Do Not Open!' sign on it. The boy looks intrigued, in a bright and colorful comic book style with a playful background.'

- 'The young boy circling the box with a curious expression, reaching out to touch it, looking as if he's deciding whether to open it or not. The scene is vibrant and colorful, in a comic book style with cute, playful details.'

- 'The boy opens the box and looks shocked, stepping back as a cute, tiny animal (like a puppy or bunny) pops out with a small puff of smoke. The boy's expression is surprised but happy, in a bright and cheerful comic book style.'

- 'The boy and the cute animal laugh together, with the boy saying 'Maybe I should follow warnings next time!' They are both smiling brightly, ending the comic on a cheerful note in a colorful and cute comic book style.'

- 반복 작업과 변형 활용: 변형(Variation) 버튼을 사용해 동일한 캐릭터의 약간 다른 버전을 반복 생성하고, 필요에 따라 수정할 부분을 선택하여 최적화한다.

나. 캐릭터 레퍼런스 ('--cref') 기능 활용법

미드저니는 특정 캐릭터의 외형을 고정하여 여러 장면에서 일관성을 유지할 수 있도록 '--cref'와 같은 레퍼런스 기능을 제공한다. 이 기능을 사용하면 AI가 이전에 생성된 캐릭터 이미지를 참조해 유사한 외형을 반영하게 된다.

1) 첫 이미지 생성: 먼저 기본 프롬프트를 통해 캐릭터의 초기 이미지를 생성한다.
2) 레퍼런스 사용: 동일한 캐릭터를 새로 생성할 때, 이전 이미지의 링크를 추가해 "a similar style to [이미지 링크]"처럼 참조 이미지로 활용한다.
3) 일관성 확보: '--cref' 옵션을 사용해 비슷한 스타일과 구도를 반영하도록 유도하며, 필요한 세부 특징 (예: 의상, 장신구 등)을 추가로 입력해 일관성 있는 캐릭터 디자인을 유지한다.

이 기능을 활용하면 각기 다른 장면에서 동일한 캐릭터를 반복적으로 사용할 수 있으며, 캐릭터의 외형이 일관되게 유지된다.

다. 웹툰 제작을 위한 스토리보드 작성

웹툰을 제작하려면 스토리보드를 구체적으로 계획하고 각 장면이 자연스럽게 연결되도록 구성하는 것이 중요하다. 스토리보드는 각 컷의 내용과 구도를 미리 계획해 웹툰의 흐름과 감정을 효과적으로 전달하는 데 도움이 된다.

1) 주요 사건과 대사 구성: 각 컷에서 전달할 주요 사건과 대사를 간략히 작성해 전체 줄거리를 시각화한다. 예를 들어, 캐릭터의 감정이 강하게 드러나는 컷에서는 표정과 배경을 강조하는 프롬프트를 사용한다.
2) 컷 구도와 장면 전환 계획: 캐릭터가 움직이는 방향이나 컷의 구도를 정하고 이를 프롬프트에 반영해 시각적 연속성을 강화한다. 예를 들어, "close-up of [character name]'s determined expression"과 같이 설정하면 캐릭터의 감정을 강조한 장면을 생성할 수 있다.
3) 키 프레임 생성 및 연결: 스토리 흐름에 따라 주요 장면을 프레임별로 생성하고 이를 연결해 이야기가 자연스럽게 전개될 수 있도록 한다.

라. 미드저니를 활용한 웹툰 이미지 생성 과정

미드저니로 웹툰을 제작하는 과정에서는 스토리보드에 따라 각 장면을 프롬프트로 작성하고 이를 일관되게 연결하는 것이 중요하다. 다음은 웹툰 컷을 미드저니에서 생성하는 단계별 방법이다.

1) 프롬프트를 기반으로 각 장면 생성: 스토리보드 내용에 맞춰 각 장면의 프롬프트를 작성한다. 예를 들어, "a dark alley with a shadowy figure approaching"과 같이 장면의 분위기와 설정을 표현하는 프롬프트를 입력한다.
2) 일관성 유지: 캐릭터의 외모와 스타일을 반복적으로 사용해 각 컷에서 캐릭터가 동일하게 표현되도록 한다. 필요할 경우 이전 이미지의 링크나 '--cref' 파라미터를 사용해 일관성을 유지할 수 있다.
3) 업스케일링 및 수정: 이미지가 생성되면 업스케일(Upscale) 기능을 사용해 고해상도로 변환하고, 필요에 따라 변형(Variation) 옵션으로 장면의 세부 사항을 조정한다.
4) 컷별 이미지 저장 및 정리: 완성된 각 컷 이미지를 저장해 순서대로 정리하여 스토리가 흐름에 따라 자연스럽게 전개되도록 배열한다.

이와 같은 방법으로 웹툰 컷을 차례로 생성하고, 최종적으로 컷을 연결해 완성된 스토리라인을 만든다.

7. 창작 프로젝트에서 미드저니 활용하기 ———

가. 미드저니를 창작 프로젝트에 활용하는 이유

미드저니는 단순히 이미지를 생성하는 도구를 넘어, 창작 과정 전반에서 중요한 파트너로 기능한다. 프로젝트 아이디어를 시각화하고, 결과물을 빠르게 검토하며, 최종 결과를 발전시키는 데 효과적이다. 특히 다음과 같은 이유에서 미드저니는 창작 프로젝트에 적합하다:

1) 빠른 시각화: 초기 아이디어를 텍스트로 입력하면 AI가 곧바로 이미지를 생성하기 때문에 프로젝트 초반에 방향성을 잡기 쉽다.
2) 다양한 스타일 지원: 미드저니는 사실적, 추상적, 예술적 스타일 등 다양한 요구를 충족할 수 있다.
3) 높은 접근성: 디자이너가 아니더라도 누구나 손쉽게 사용할 수 있는 직관적인 도구이다.
4) 시간과 비용 절약: 고품질 이미지를 빠르고 저렴하게 생성할 수 있어 프로젝트 효율성을 높인다.

나. 프로젝트의 단계별 활용법

미드저니는 창작 프로젝트의 모든 단계에서 유용하게 활용될 수 있다. 아래는 단계별 활용법이다:

1) 아이디어 구상 및 브레인스토밍
   - 미드저니를 통해 초기 아이디어를 시각적으로 표현하면 구체화가 쉬워진다.
   - 예를 들어, "futuristic cityscape with flying cars and neon lights"와 같은 프롬프트를 입력하면 AI가 즉시 시각적 참조를 제공한다.
   - 여러 변형(Variation)을 생성해 다양한 아이디어를 탐구할 수 있다.

2) 컨셉 아트 제작
   - 미드저니는 프로젝트의 전반적인 톤과 분위기를 정하는 데 유용하다.
   - 예를 들어, "dark fantasy castle on a hill during a thunderstorm, gothic style"과 같은 프롬프트를 통해 원하는 컨셉에 맞는 이미지를 만들 수 있다.

- 결과물을 팀원들과 공유하며 피드백을 받을 수 있다.

3) 시각적 디테일 정교화

- 프롬프트에 세부적인 요소를 추가하여 더 정교한 이미지를 생성할 수 있다.

- "a warrior in golden armor with intricate engravings, standing in front of a glowing portal"와 같은 프롬프트를 사용하면 프로젝트의 세부 디테일을 설정할 수 있다.

4) 최종 결과물 완성

- 업스케일(Upscale) 기능을 사용해 고해상도 이미지를 생성하여 프린트, 디지털 배포 등 다양한 용도로 활용할 수 있다.

- 필요하면 다른 이미지 편집 도구와 결합해 최종 결과물을 더욱 개선할 수 있다.

다. 다양한 프로젝트 활용 사례

미드저니는 여러 창작 프로젝트에서 활용할 수 있다. 다음은 몇 가지 사례이다:

1) 웹툰 및 일러스트 제작: 캐릭터 디자인, 배경 설정, 컷 구성 등에서 미드저니를 활용해 빠르고 효율적으로 작업을 진행할 수 있다.

2) 영화 및 게임 디자인: 영화나 게임의 컨셉 아트 제작, 배경 설정, 세계관 구축 등에서 미드저니가 유용하다.

3) 광고 및 마케팅 콘텐츠 제작: 제품 이미지, 광고 배너, 소셜 미디어 콘텐츠 등을 생성해 마케팅 활동을 지원할 수 있다.

4) 출판 및 교육 자료 제작: 책 표지 디자인, 삽화 제작, 학습 자료 시각화 등 다양한 분야에서 활용 가능하다.

라. 미드저니 활용 팁

미드저니를 효과적으로 활용하기 위해 다음 팁을 참고하자:

1) 프롬프트 구체화: 원하는 결과를 얻기 위해 텍스트 프롬프트를 구체적으로 작성한다. 예를 들어, 스타일, 색감, 분위기 등을 명시하면 더욱 정확한 이미지를 생성할 수 있다.

2) 파라미터 활용: `--ar`, `--q`와 같은 파라미터를 사용해 이미지를 최적화한다.

3) 반복 실험: 다양한 프롬프트와 파라미터 조합을 시도해 최적의 결과를 찾는다.

4) 협업: 디스코드와 같은 플랫폼에서 다른 사용자들과 결과물을 공유하며 영감을 얻는다.

마. 한계와 보완 방안

미드저니는 강력한 도구이지만 몇 가지 한계도 존재한다:

1) 사용자의 프롬프트 작성 능력 의존: 구체적이고 명확한 프롬프트 작성이 필요하다.

2) 결과물의 수정 제한: 생성된 이미지를 세부적으로 편집하기 어렵다.

3) 법적 및 윤리적 문제: 생성된 이미지의 저작권과 관련된 논의가 필요하다.

이러한 한계를 보완하기 위해 프롬프트 작성 능력을 키우고, 미드저니에서 생성한 결과물을 다른 이미지 편집 도구와 결합해 활용하는 방안을 고려할 수 있다.

바. 결론

미드저니는 단순한 이미지 생성 도구를 넘어 창작의 전 과정을 혁신적으로 바꾸는 도구이다. 사용자는 아이디어 구상 단계에서부터 최종 결과물 완성에 이르기까지 미드저니를 활용해 작업의 효율성을 극대화할 수 있다. 예를 들어, 스토리보드 구성에 필요한 캐릭터와 배경 이미지를 빠르게 생성하고, 이를 기반으로 프로젝트의 방향성을 설정할 수 있다. 또한, 업스케일링 및 변형 기능을 통해 고품질의 최종 이미지를 얻을 수 있어 웹툰, 광고, 출판 등 다양한 분야에 활용할 수 있다.

더불어, 미드저니의 다양한 파라미터와 스타일 옵션은 사용자가 창의적 시도를 무한히 확장할 수 있도록 돕는다. 동일한 프롬프트에서도 다양한 변형을 통해 결과물을 실험하고, 이를 팀원 및 커뮤니티와 공유하며 협업할 수 있다. 특히, 디스코드 기반의 커뮤니티 기능은 아이디어를 발전시키고 다른 사용자의 창작물에서 영감을 얻는 데 중요한 역할을 한다.

결국, 미드저니는 창작의 진입 장벽을 낮추고 누구나 자신의 아이디어를 손쉽게 시각화할 수 있도록 돕는 도구이다. 독자는 이 책을 통해 미드저니의 기능과 활용법을 익혀 창작의 새로운 가능성을 발견하고, 이를 바탕으로 독창적인 프로젝트를 완성할 수 있을 것이다. 창작의 길에서 미드저니와 함께 무한한 상상력과 가능성을 탐험하기를 바란다.

❋ 스토리보드와 웹툰 이미지제작 예시

스토리보드는 챗GPT가 작성했습니다.

스토리보드 작성

주요 줄거리

주인공이 어둠 속에서 자신을 기다리는 신비로운 무림의 고수와 대면하며, 그와 대결을 벌이게 되는 긴장감 넘치는 이야기입니다. 이를 통해 주인공의 성장과 결의가 드러나도록 합니다.

컷별 스토리와 미드저니 프롬프트

컷 1 - 암흑 골목에서의 등장

스토리: 어두운 골목에 신비로운 고수의 그림자가 서서히 나타납니다. 그의 기운이 골목 전체를 압도하며 긴장감을 자아냅니다.

프롬프트:"A dark, misty alley under the moonlight, with a shadowy figure slowly approaching, surrounded by an intense, mysterious aura. The figure wears a martial arts robe, exuding calm but formidable energy. Classic wuxia comic style, with dramatic lighting and high contrast, atmosphere of suspense and power. --v 5 --ar 16:9 --q 2"

컷 2 - 주인공의 결의

스토리: 주인공이 대결을 앞두고 다짐을 하며 결연한 표정을 짓습니다. 눈에는 불타는 의지와 결의가 가득하며, 두 주먹을 굳게 쥔 채 상대를 응시합니다.

프롬프트:"Close-up of the main character's intense expression, eyes filled with burning determination, clenching fists in preparation for battle. Traditional wuxia comic style, with bold lines and deep shadows to emphasize strength and focus, dramatic lighting. --v 5 --ar 16:9 --q 2"

컷 3 - 대결의 순간

스토리: 두 캐릭터가 눈앞에서 번개처럼 빠르게 충돌합니다. 검을 든 주인공과 맨손으로 싸우는 고수가 순간적으로 서로를 공격하며 긴장감이 최고조에 달합니다.

프롬프트:"High-intensity martial arts battle scene, main character with sword clashing against a shadowy master fighting barehanded. Sparks fly, capturing a dynamic, frozen moment of intense combat. Wuxia comic style with strong motion lines and high contrast to emphasize speed and power. --v 5 --ar 16:9 --q 2"

컷 4 - 결의의 승리

스토리: 주인공이 상대를 물리치고 승리한 모습입니다. 피곤해 보이지만 만족스러운 표정을 지으며, 앞으로 나아갈 의지가 가득한 눈빛을 보입니다.

프롬프트:"The main character stands victorious yet visibly exhausted, with a subtle smile and a fierce gaze looking forward, symbolizing renewed purpose. Soft moonlight highlights his determination to continue. Wuxia comic style with warm color tones and cool highlights, capturing the end of a battle and a new beginning. --v 5 --ar 16:9 --q 2"

영상 제작을 위한 구성 요소

인트로: 어두운 배경 위에 "고대 무림의 결투"라는 제목과 함께 장면 전환으로 시작.

장면 전환: 컷 간 자연스러운 페이드 효과를 사용하여, 각 장면에서 주요 감정과 사건이 강조되도록 합니다.

특수 효과: 충돌 장면에서 슬로우 모션을 사용해 긴장감을 고조시키고, 승리 후 조명 효과로 주인공의 성장과 결의를 강조.

음향: 배경음악으로 전통 무협 분위기의 음악과 충돌 순간에 효과음을 추가하여 몰입감을 높임.

컷1 – 암흑의 길에서 마주친다.

컷2 – 주인공의 결의

컷3 – 대결의 순간

컷4 – 결의의 승리

8. Epilogue: 상상과 기술이 만나는 창작의 새로운 시대 ───

창작은 우리 안에 잠든 상상력을 깨우는 강렬한 도전이다. 생성형 AI는 창작의 문턱을 낮추고, 누구나 아이디어만으로 작품을 만들 수 있는 시대를 열었다. 미드저니와 같은 도구는 복잡한 기술 없이도 상상력을 시각화 하도록 돕는다.

창작은 단순히 결과물이 아니라, 나를 발견하고 표현하는 과정이다. 시행착오와 실험 속에서 진정한 창작의 즐거움을 느낄 수 있다. AI는 이 여정에서 당신의 동반자로, 초보자도 독창적인 결과를 만들어 낼 수 있게한다.

처음부터 완벽하지 않아도 괜찮다. 중요한 것은 첫걸음을 내딛는 용기다. 미드저니는 부족한 부분을 채워주고, 새로운 사능성을 발견하게 한다. 실패는 더 나은 창작으로 가는 길이다.

단 한 줄의 프롬프트로 시작된 아이디어가 놀라운 작품으로 변하는 순간을 경험해보라. 미드저니는 당신의 상상력을 확장하는 도구다. 이제, 한계 없이 창작의 나래를 펼치고, 당신의 이야기를 세상에 들려주기를 바란다.

※ 참고사이트

미드저니 공식 웹사이트: https://www.midjourney.com– 최신 업데이트, 기능 소개, FAQ 및 블로그 섹션에서 사용 방법이나 기능에 대한 자료를 확인할 수 있다.

미드저니 디스코드 채널: 미드저니는 디스코드에서 운영되므로 공식 서버에 가입하여 미드저니 봇과 직접 상호작용하고 최신 기능을 체험할 수 있습니다. 가입 방법 및 링크는 미드저니 공식 사이트에 나와 있다.

Midjourney Reddit 커뮤니티: https://www.reddit.com/r/midjourney– 사용자들의 실시간 경험 공유와 다양한 팁을 얻을 수 있으며, 최신 기능에 대한 실제 사용자 피드백을 볼 수 있다.

관련 AI 기술에 대한 연구 자료 및 논문: 최신 생성형 AI 기술(디퓨전 모델, 트랜스포머)에 대해 더 깊이 이해하고자 할 경우, arXiv.org에서 관련 논문을 검색할 수 있다.

VI.

Vrew와 함께하는 스마트 영상 편집

저자 강연례

1. Prologue

디지털 콘텐츠가 폭발적으로 증가하는 현대 사회에서, 영상을 만드는 일은 더 이상 전문가만의 영역이 아니다. 누구나 자신의 이야기를 영상으로 담아내고, 전 세계와 공유할 수 있는 시대가 도래했다. 그러나 여전히 많은 이들에게 영상 제작은 높은 진입 장벽을 지닌 도전 과제처럼 느껴진다. 복잡한 편집 프로그램, 전문 지식, 그리고 시간과 비용의 부담이 그 이유다.

이러한 문제를 해결하기 위해 등장한 혁신적인 도구가 바로 Vrew다. Vrew는 2017년에 창업한 보이저 엑스에서 개발한 AI 기반의 영상 제작 및 편집 도구로, 음성 인식 기술을 활용하여 자막과 영상 컷을 자동으로 생성해 주는 기능으로 시작했다. 그 이후 지속적인 기능 업데이트를 통해 단순한 편집 도구를 넘어, 누구나 손쉽게 창의적인 영상 콘텐츠를 제작할 수 있는 포괄적인 도구로 진화해 왔다.

Vrew의 차별점은 음성 인식 기능을 통해 자막을 자동으로 생성하고, 자막을 기반으로 컷 편집을 가능하게 함으로써 편집 과정에서의 시간과 노력을 획기적으로 줄여준다는 점이다. 또한, AI를 활용하여 대본과 영상을 동시에 만들어주는 기능은 영상 제작을 보다 직관적이고 쉽게 만들어준다. 이러한 혁신적인 기능들 덕분에 Vrew는 한국어, 영어, 스페인어, 일본어, 중국어 등 다양한 언어를 지원하며 전 세계 사용자들의 사랑을 받고 있다.

Vrew는 웹 기반이 아닌 설치형 도구로, 안정적인 환경에서 다양한 기능을 제공하며, 상업적으로도 사용할 수 있는 무료 이미지, 비디오, 배경음악 등의 자원을 제공하여 사용자들이 더욱 쉽게 높은 질의 영상을 제작할 수 있도록 돕고 있다. 또한, AI 목소리 및 자막 더빙 기능을 통해 생동감 있는 콘텐츠 제작을 지원하며, 작업 후 다른 앱과 연동할 수 있는 형태로 결과물을 내보낼 수 있어 다양한 창작 환경에 유연하게 대응할 수 있다.

무엇보다 Vrew는 커뮤니티와의 지속적인 소통을 통해 사용자의 피드백을 반영하고, 기능을 업데이트하며 더욱 완벽한 도구로 발전하고 있다. 이러한 지속적인 변화와 혁신 덕분에 Vrew는 사용자들로부터 유료화에 대한 지지를 끌어내며 독보적인 위치를 확립해 나가고 있다.

이 책은 Vrew를 통해 영상 제작의 새로운 가능성을 열고자 하는 모든 분을 위한 안내서다. 영상 제작의 기초부터 고급 기능 활용법까지, Vrew를 통해 당신의 아이디어를 영상으로 표현하고, 더 나아가 창작의 즐거움을 느낄 수 있기를 바란다. 이제, Vrew와 함께 영상 제작의 새로운 세계로 발걸음을 내디뎌 보자. 그곳에서 당신만의 이야기를 자유롭게 펼쳐보길 기대한다.

Vrew

2. Vrew의 주요 기능 및 소개

가. Vrew의 탄생 배경

Vrew는 2017년 한국의 테크 기업 보이저 엑스(Voyager X)에서 개발한 혁신적인 영상 제작 및 편집 도구로 탄생했다. 보이저 엑스는 AI 기술을 활용한 영상 편집 도구를 개발하면서, 초기에는 음성 인식 기반의 자막 자동 생성과 영상 컷 편집 기능에 중점을 두었다. Vrew는 이러한 음성 인식 기술을 통해 사용자가 직접 자막을 입력하거나 영상의 컷 편집을 수동으로 하지 않아도 되는 편리한 환경을 제공했다. 시간이 지나면서 사용자 요구에 맞춰 다양한 기능들이 추가되었으며, AI 기술을 통해 대본 생성, 목소리 더빙, 그리고 무료 이미지 및 배경음악 제공 등으로 영상 제작 전반을 이우르는 종합적인 도구로 변모했다. 이러한 지속적인 발전은 Vrew를 단순한 편집 틀에서 벗어나 AI 기반의 영상 제작 혁신을 이끄는 솔루션으로 자리를 잡게 했다.

나. Vrew가 주목받는 특징

Vrew가 주목받는 이유는 최첨단 AI 기술을 효과적으로 통합하여 기존의 복잡하고 시간이 많이 소요되던 영상 제작 과정을 획기적으로 단순화했기 때문이다. 특히 Vrew는 음성 인식, 자동 자막 생성, 그리고 AI 기반 대본 및 목소리 더빙 기능을 통해 누구나 쉽게 고품질의 영상을 제작할 수 있도록 설계되었다. 음성 데이터를 분석하여 자막을 자동으로 생성하고, 이를 기반으로 컷 편집까지 가능하게 하는 기능은 영상 편집 업계에서 중요한 기술적 진보로 평가된다. 또한, Vrew는 상업적으로 사용할 수 있는 무료 이미지, 비디오, 배경음악 등의 다양한 미디어 자산을 제공하며, 영상 제작의 창의성을 더욱 높인다. 이러한 AI 기반 자동화 기술과 편리한 인터페이스 덕분에, 영상 제작에 대한 전문 지식이 없는 사용자도 쉽게 고품질의 콘텐츠를 만들 수 있으며, 이는 Vrew가 콘텐츠 크리에이터, 마케팅 전문가, 그리고 다양한 비즈니스 사용자들 사이에서 빠르게 인기를 얻는 중요한 요인이 되고 있다. 주목받는 이유는 AI 기술을 효과적으로 결합해 영상 제작 과정을 혁신적으로 간소화했기 때문이다. 특히 다음과 같은 주요 특징들이 Vrew를 차별화하고 있다.

다. Vrew의 차별점

Vrew는 영상 제작에 있어 경쟁 도구들과 차별화되는 다양한 고급 기능을 제공한다. 가장 주목할 만한 점은 음성 인식 기술을 통해 자막을 자동으로 생성하고, 이를 바탕으로 영상 컷 편집을 자동으로 진행할 수 있다는 것이다. 이는 수동 작업의 필요성을 대폭 줄여준다. 또한, AI 기술을 활용해 대본 작성과 영상 제작을 동시에 처리할 수 있어 제작 과정에서의 시간과 노력을 크게 절감시킨다. Vrew는 상업적 용도로 사용할 수 있는 무료 이미지, 비디오, 배경음악 등의 미디어 자산을 제공하며, AI 목소리로 더빙할 수 있어 별도의 녹음 장비 없이도 고품질의 영상 콘텐츠를 제작할 수 있다. 작업이 완료된 후에는 다양한 외부 애플리케이션과 연동해 결과물을 내보낼 수 있어 호환성도 뛰어나다. 지속적인 업데이트를 통해 기능이 개선되며, 사용자 지지 기반의 유료화 모델을 확립하고 있다. 이러한 고유한 기능들은 영상 제작자들에게 편의성과 효율성을 동시에 제공하여, 전문적인 영상 제작을 더욱 쉽게 할 수 있는 도구로 자리 잡고 있다.

1) 음성 인식 기반 자막 생성 및 컷 편집

Vrew의 음성 인식 기반 자막 생성 및 컷 편집 기능은 AI 기술을 활용해 영상 제작 과정을 혁신적으로 간소화한다. 사용자가 음성을 입력하면 이를 텍스트로 변환해 자막을 생성하고, 이를 바탕으로 자동 컷 편집까지 수행한다. 이는 수동 작업을 대체하며, 대량의 콘텐츠를 신속하게 처리하는 크리에이터와 마케팅 전문가들에게 필수 도구로 자리 잡았다. 실시간 음성 데이터를 분석해 적절한 시점에서 컷을 분리, 제작 효율성을 극대화하고 작업 시간을 단축하게 한다.

2) AI를 활용한 자동화 기능

Vrew는 단순한 자막 생성 외에도 AI 기술을 통해 대본 작성과 영상을 자동으로 생성하는 기능을 제공하며, 초보자도 쉽게 고품질의 영상 제작에 접근할 수 있게 한다. 또한, AI 기반 음성 합성 및 더빙 기능은 자막뿐만 아니라 음성을 더욱 자연스럽고 효율적으로 처리할 수 있게 하며, 콘텐츠 제작의 전반적인 과정을 자동화하여 시간과 비용을 절감시킨다.

3) 사용자 친화적 인터페이스 및 접근성

설치형 소프트웨어로서 안정적이고 직관적인 사용자 인터페이스를 제공하며, 기술적 지식이 부족한 사용자도 쉽게 접근할 수 있도록 설계되었다. 이러한 특성 덕분에 초보자부터 숙련된 전문가까지 폭넓은 사용자층을 아우르며, 다양한 요구에 부응하는 유연한 기능을 지원한다.

4) 다국어 지원 및 글로벌 사용자 기반

Vrew는 한국어뿐만 아니라 영어, 스페인어, 일본어, 중국어 등 여러 언어를 지원하여, 다양한 언어권의 사용자들이 이 소프트웨어를 효과적으로 활용할 수 있다. 이러한 다국어 지원 기능은 글로벌 시장에서의 경쟁력을 크게 강화하는 핵심 요소로, 이는 국제적인 사용자층의 요구를 충족시키는 데 중요한 역할을 한다.

5) 무료 미디어 자원 제공 및 상업적 활용 가능

Vrew는 상업적으로 사용할 수 있는 무료 이미지, 비디오, 배경음악을 제공하여, 사용자들이 별도의 미디어 자원을 찾는 번거로움을 효과적으로 줄여준다. 이는 특히 콘텐츠 제작에 드는 비용을 절감하고, 신속하게 고품질의 콘텐츠를 제작하려는 크리에이터들에게 매우 큰 이점을 제공하는 중요한 기능이다.

6) 커뮤니티 기반의 지속적 발전

Vrew는 커뮤니티 피드백을 적극적으로 반영하며, 사용자 경험을 최적화하기 위한 지속적인 업데이트를 통해 꾸준히 발전하고 있다. 이러한 사용자 중심의 접근 방식은 소프트웨어의 완성도와 신뢰성을 높이는 중요한 요소로, 사용자 요구에 유연하게 대응하며 기능적 우수성을 강화하는 데 기여하고 있다.

이와 같은 이유로 Vrew는 영상 제작 과정의 효율성을 크게 높이고, 영상 편집 기술의 진입 장벽을 낮춘 혁신적인 도구로 주목받고 있다. AI 기반 기술과 사용자 친화적 디자인을 통해 영상 제작에 필요한 시간을 단축하고, 창의성을 극대화하는 데 기여하고 있다.

라. AI로 동영상 제작, Vrew

Vrew는 설치형 도구이므로 다음과 같은 설치를 해야 한다.

[그림 62]

1) Vrew 설치 및 가입 방법 [https://vrew.ai/ko/]

네이버 검색창에서 'Vrew' 검색

네이버에서 'Vrew'를 입력하여 검색한다. 검색 결과 목록에서 Vrew 관련 페이지를 찾는다.

Vrew 공식 웹사이트 접속 및 다운로드

Vrew 공식 웹사이트로 이동한 후, 메인 페이지에 위치한 '무료 다운로드' 버튼을 클릭한다.

헤당 버튼을 누르면 Vrew의 설치 파일이 자동으로 다운로드 된다.

다운로드 후 바탕화면에 설치한 후에 이용약관 및 개인정보 처리 방침에 동의하고 시작한다. 그 다음 순서로는 회원가입을 한다.

설치 파일 실행

다운로드한 설치 파일을 실행하여 설치 과정을 시작합니다. 설치 과정은 안내 메시지에 따라 쉽게 완료할 수 있다.

2) Vrew 기본 메뉴얼 이해하기

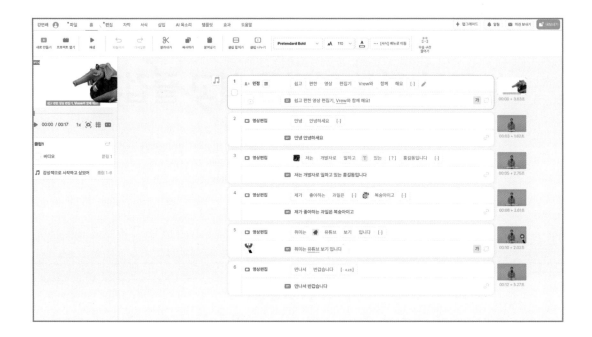

3) 프로젝트 시작

Vrew를 설치한 후 프로그램을 실행하면 기본 인터페이스 창이 나타난다. 이 창을 통해 다양한 기능에 접근하여 영상 편집을 시작할 수 있다.

Vrew는 여러가지 기능들이 많이 있지만 이번에는 AI기능을 알리고자 한다.

상단 메뉴에서 "새로 만들기" 버튼을 클릭하여 새로운 프로젝트를 시작할 수 있다. 이 기능을 통해 새로운 영상 프로젝트를 준비할 수 있다.

이 그림은 Vrew에서 새로운 프로젝트를 시작하는 화면을 보여주고 있다. 사용자는 다양한 방식으로 비디오를 제작할 수 있으며, PC나 모바일에서 미디어 파일을 불러오거나, 텍스트만 입력해 비디오를 생성할 수 있다. 또한 AI 목소리로 내레이션을 시작하거나, 템플릿을 사용해 쇼츠 영상을 빠르게 제작할 수 있다. 슬라이드나 이미지를 기반으로 비디오를 만들 수도 있으며, 녹화 및 녹음 기능을 활용해 실시간 콘텐츠 제작도 가능하다.

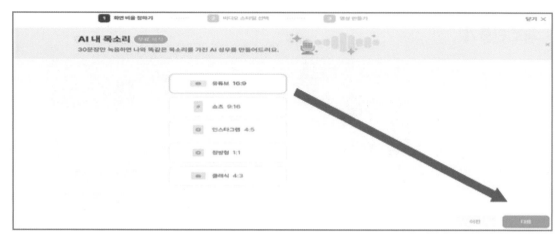

[그림 65] 비디오 스타일 선택하기

　위의 이미지는 비디오 스타일 선택 과정을 간략히 설명하는 것으로 생성자 각자가 원하는 형식의 비디오 스타일을 선택해서 작품을 만든다. 편집할 영상을 업로드하고 새 프로젝트를 생성한다.

　Vrew를 통해 영상을 편집할 때, 다양한 스타일 옵션을 선택하여 개성을 더할 수 있다.

　Vrew에서 비디오 스타일을 선택하는 화면을 보여주고 있다. 사용자는 다양한 스타일 중에서 자신의 콘텐츠에 맞는 비디오 스타일을 선택할 수 있으며, 선택한 스타일에 따라 비디오의 전반적인 톤과 분위기를 설정할 수 있다. 스케치, 영화 장면, 애니메이션, 다큐멘터리 등 여러 스타일이 제공되며, 이 스타일을 기반으로 영상 제작이 가능하다.

[AI가 자동으로 생성해 주는 기능] 이 그림은 저자가 대본을 직접 쓰지 않고

Vrew는 AI를 활용하여 사용자가 선택한 주제에 맞는 글을 자동으로 생성해 준다.

주제를 입력한 후 'AI 글쓰기' 버튼을 클릭하면 AI가 적절한 글을 만들어주며, '완료' 버튼을 클릭해 해당 내용을 반영할 수 있다. AI를 활용해 주제에 맞는 글을 자동으로 생성하는 기능을 설명하며, 이를 통해 영상 제작 시간을 단축하고 콘텐츠 품질을 높일 수 있다.

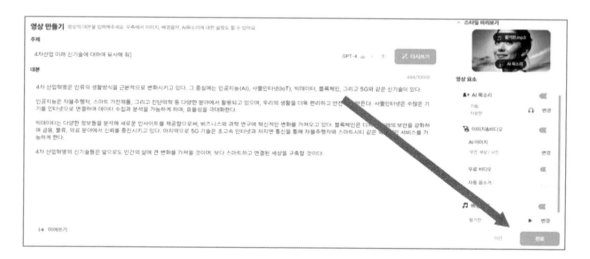

쇼츠 동영상 만들기 (예문)

[4차 산업 미래 신기술에 대하여 묘사해 줘]

[4차 산업혁명은 디지털 기술, 물리적 시스템, 생명과학이 융합된 새로운 시대를 열며, 인류의 생활 방식과 산업 구조를 혁신적으로 변화시키고 있다. 이 혁명에서 중요한 역할을 하는 미래 신기술들은 다양한 분야에

걸쳐 있으며, 그중에서도 핵심 기술들은 다음과 같다. 차 산업혁명은 디지털 기술, 물리적 시스템, 생명과학이 융합된 새로운 시대를 열며, 인류의 생활 방식과 산업 구조를 혁신적으로 변화시키고 있다. 이 혁명에서 중요한 역할을 하는 미래 신기술들은 다양한 분야에 걸쳐 있으며, 그중에서도 핵심 기술들은 다음과 같다.]

대본에 어울리는 이미지를 생성하고 있어요...

Vrew에서 AI 기술을 활용하여 이미지를 생성하는 과정을 나타낸다. 이 과정에서 AI가 빠르게 분석을 진행하고, 적합한 이미지를 찾아내거나 생성해 줌. 화면에 표시된 진행 바는 이미지 생성이 완료되기까지의 상태를 실시간으로 보여주며, 이는 영상 제작의 효율성을 극대화하는 중요한 기능이다. Vrew의 AI 이미지 생성 기능은 특히 이미지 제작 과정에서 시간을 절약하고, 보다 창의적인 콘텐츠를 제작하는 데 유용하다.

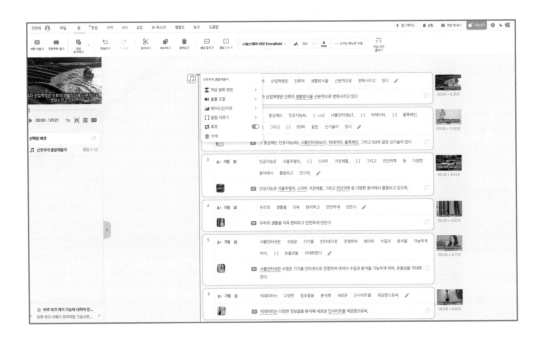

이 화면은 Vrew에서 영상 편집 시 자막을 수정하거나, 편집할 수 있는 기능을 보여주고 있다. 왼쪽 사이드바에는 영상의 미리보기가 가능하며, 자막의 동기화를 실시간으로 확인할 수 있도록 설계되어 있고, 이 직관적인 인터페이스는 사용자가 쉽게 자막을 관리하고 편집할 수 있도록 최적화된 환경을 제공하고, AI 기반의 음성 인식과 텍스트 편집 기능이 결합되어 작업 시간을 단축해준다.

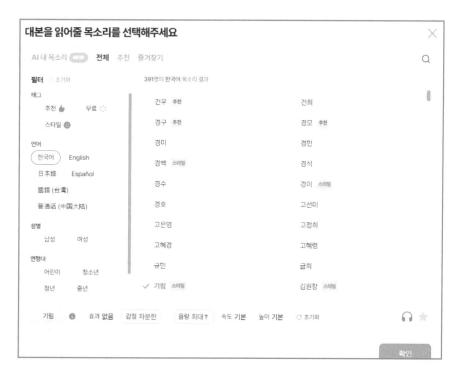

Vrew에서 AI 목소리를 선택하는 인터페이스를 보여주고 있다. 사용자는 대본을 읽어줄 다양한 AI 목소리 중에서 선택할 수 있으며, 언어, 성별, 연령대 등을 필터링해 원하는 목소리를 찾을 수 있다. 선택한 목소리는 강세, 속도, 높낮이 등의 세부 조정 옵션을 통해 더욱 자연스럽고 개인화된 내레이션을 제작할 수 있게 한다.

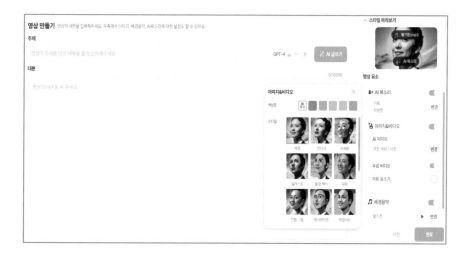

Vrew에서 AI를 활용하여 영상을 만들 때 스타일과 이미지를 선택하는 과정이다. 좌측 상단에서는 사용자가 주제와 대본을 입력할 수 있으며, AI가 이를 기반으로 영상을 생성한다. 우측에는 영상의 다양한 요소를 설정할 수 있는 옵션들이 나열되어 있고. '이미지/비디오' 창에서는 미리 제공된 이미지 스타일을 선택하거나 사용자 지정 이미지를 사용할 수 있다. 또한, AI 목소리, 배경음악, 효과 등을 설정하여 영상을 더 다채롭게 만들 수 있다.

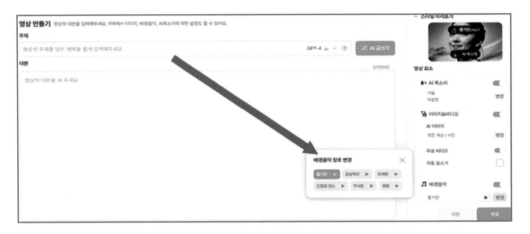

"Vrew 영상 배경음악 장르 선택"

Vrew에서는 사용자가 다양한 옵션을 통해 AI 성우 목소리를 선택할 수 있으며, 언어, 성별, 연령대까지 맞춤 선택이 가능하다. 무료로 제공되는 성우 목소리도 다수 포함되어 있어 비용 부담 없이 사용할 수 있으며, 미리 듣기를 통해 적합한 목소리를 확인한 후 적용할 수 있는 기능을 제공한다. 이에 따라 영상 제작 시 더욱 자연스러운 음성 더빙을 손쉽게 추가할 수 있다.

배경음악이 정해지면 완료를 진행한다.

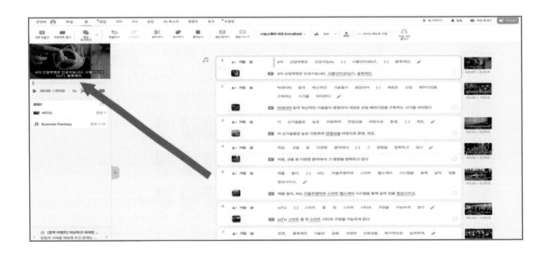

지금부터는 Vrew의 많은 기능의 활용하여 영상을 상세 편집을 해 본다.

영상 편집 중 클립을 합치거나 나눌 수 있는 기능을 제공한다. 마우스 우클릭을 하면 '클립 합치기'와 '클립 나누기' 옵션이 나타나며, 이 기능을 통해 클립을 결합하거나 나누어 원하는 대로 편집할 수 있다.

이 그림은 Vrew에서 자막의 폰트를 설정하는 화면이다. 다양한 폰트 스타일을 선택할 수 있으며, 나눔스 퀘어, 나눔바른고딕 등 여러 굵기와 형태의 폰트를 제공한다. 자막의 가독성을 높이고 영상의 스타일에 맞는 폰트를 선택함으로써, 구독자에게 더 효과적인 전달될 수 있다.

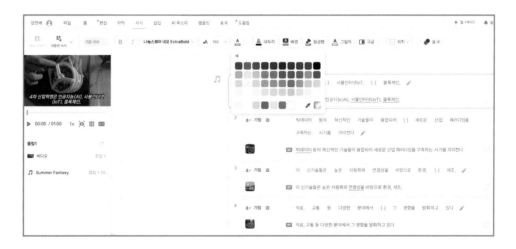

Vrew는 다양한 색상을 지정할 수 있으며, 자막에 테두리, 배경, 형광펜, 그림자 색상을 추가할 수 있는 기능을 제공한다. 또한 애니메이션 효과를 적용해 자막이나 요소를 더욱 생동감 있게 표현할 수 있어, 영상의 시각적 완성도를 높이는 데 유용하다.

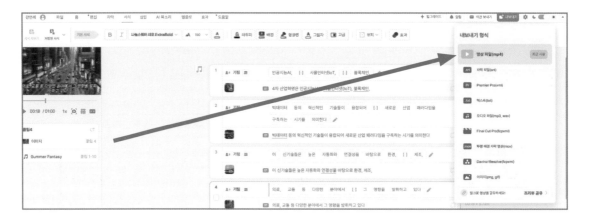

이 그림은 Vrew에서 자막 편집과 영상의 미디어 파일을 불러오는 기능을 보여주고 있다. 좌측에는 미리보기 창이 있어 자막이 실시간으로 어떻게 적용되는지 확인할 수 있고, 우측에는 다양한 미디어 파일을 불러와 삽입할 수 있는 '내보내기 창'이 있다. 이 기능은 다양한 미디어 자원을 손쉽게 관리하고, 영상과 자막의 동기화를 한눈에 확인할 수 있도록 도와주며 작업 효율성을 높인다.

[Vrew의 결과물]

[영상 예문] [4차 산업혁명은 디지털 기술, 물리적 시스템, 생명과학이 융합된 새로운 시대를 열며, 인류의 생활 방식과 산업 구조를 혁신적으로 변화시키고 있다. 이 혁명에서 중요한 역할을 하는 미래 신기술들은 다양한 분야에 걸쳐 있으며, 그중에서도 핵심 기술들은 다음과 같다. 차 산업혁명은 디지털 기술, 물리적 시스템,

생명과학이 융합된 새로운 시대를 열며, 인류의 생활 방식과 산업 구조를 혁신적으로 변화시키고 있다. 이 혁명에서 중요한 역할을 하는 미래 신기술들은 다양한 분야에 걸쳐 있으며, 그중에서도 핵심 기술들은 다음과 같다.

위의 이미지는 Vrew를 통해 제작된 최종 영상 결과물을 보여준다. 4차 산업혁명과 사회적 변화, 그리고 미래 산업 수요에 대비하는 내용을 담고 있는 영상으로, 배경 이미지와 자막이 적절하게 배치된 것을 볼 수 있다. Vrew의 AI 기반 자막 생성 및 컷 편집 기능을 활용하여 누구나 쉽게 이러한 고품질 영상을 제작할 수 있음을 시사한다.

3. Epilogue

디지털 혁명의 가속화 속에서 우리는 더 이상 단순한 콘텐츠 소비자가 아닌 창작자로서 새로운 시대를 이끌어가고 있다. 영상 콘텐츠는 그중에서도 가장 강력한 소통 수단으로 자리 잡았으며, AI 기술이 결합된 영상 제작 도구는 창작의 진입 장벽을 크게 낮추었다. Vrew는 누구나 손쉽게 고품질 영상을 제작할 수 있도록 돕는 혁신적인 도구로, 기술적 배경이 없는 사용자도 직관적인 인터페이스와 AI 기반 기능을 통해 쉽게 접근할 수 있도록 설계되었다.

Vrew는 음성 인식 기반 자막 생성, 컷 편집, AI 음성 더빙 등의 복잡한 작업을 자동화해 사용자들이 시간과 비용을 절약할 수 있도록 돕는다. 이 책의 내용은 Vrew의 기본 기능부터 고급 활용법까지 체계적으로 안내하며, AI의 잠재력을 직접 체험하고 독창적인 콘텐츠를 제작할 수 있도록 실질적인 도움을 제공한다.

Vrew의 가장 큰 강점은 접근성과 자동화다. 기술적 지식이 부족한 사용자도 쉽게 이용할 수 있으며, 음성 인식을 통해 자막을 자동으로 생성하고 컷 편집을 수행할 수 있다. AI 음성 더빙 기능을 통해 별도의 녹음 장비 없이도 고품질 영상을 만들 수 있다. 이는 단순한 도구 이상의 역할을 하며, 창작자들이 자신의 스토리를 더욱 창의적이고 생동감 있게 표현할 수 있도록 도와준다.

영상 콘텐츠는 이제 일상과 비즈니스에서 중요한 소통 수단으로 자리 잡았다. Vrew는 AI 기술을 통해 복잡한 편집 작업을 자동화하고, 전문가가 아닌 사람도 쉽게 고품질 영상을 제작할 수 있도록 지원한다. Vrew는 사용자 경험을 단순화함으로써 크리에이터뿐 아니라 일반 사용자들에게도 효율적이고 직관적인 작업 환경을 제공한다.

이 책자는 독자가 Vrew의 다양한 기능을 이해하고 AI 기술을 활용해 창의적인 영상을 제작할 수 있도록 안내한다. 음성 인식 자막 생성, 자동 컷 편집, AI 더빙 등 Vrew의 기능들은 제작에 소요되는 시간을 대폭 절감하며, 이러한 자동화는 영상 크리에이터와 마케팅 전문가들에게 특히 유용하다.

Vrew는 지속적인 업데이트를 통해 사용자 피드백을 반영하고 있다. 더 많은 기능이 추가될 예정이며, 이는 AI 영상 제작의 한계를 더욱 넓히고 영상 제작의 효율성을 극대화할 것이다. AI 기술이 발전함에 따라 창작의 한계는 사라지고, 영상 제작의 미래는 더 빠르고 접근 가능한 방식으로 변화하고 있다.

Vrew를 사용하면서, 사용자는 점차 자신만의 영상 스타일을 발견하게 될 것이다. 단순히 기술적인 도구를 넘어, 영상 편집의 새로운 가능성을 열어주는 Vrew와 함께 자신들의 이야기를 만들어보기를 편집자는 추천해 본다. AI와 함께, Vrew와 함께하는 영상 편집은 이제 사용자들로 하여금 더욱 즐거운 경험이 될 것이다.

VII.

런웨이 Gen-3 알파로 AI 영상 제작

저자 나승천

1. Prologue

AI 기술이 빠르게 발전하면서 영상 제작의 패러다임도 급격하게 변화하고 있다. 특히, 런웨이 Gen-3 알파는 텍스트 기반 프롬프트 하나만으로도 4K 고품질 영상까지 제작할 수 있는 혁신적인 도구로 자리 잡아가고 있다.

이 책은 런웨이 Gen-3 알파의 기능을 처음 접하는 초보자들을 위한 가이드로, AI 기반 영상 제작의 가능성을 실제로 경험할 수 있도록 단계별로 구성했다.

런웨이 Gen-3 알파는 영상 제작에 대한 기존의 복잡한 절차를 간소화하면서도 정교한 작업이 가능하다. 이 책은 런웨이 Gen-3 알파의 텍스트 기능을 중점으로 다루며, 특히 프롬프트 작성부터 영상 생성 과정까지 초보자가 쉽게 이해하고 따라 할 수 있도록 안내할 것이다.

런웨이 Gen-3과 런웨이 Gen-3 알파의 차이점

런웨이 Gen-3: 간단한 텍스트 기반 프롬프트로 짧은 영상을 빠르게 생성할 수 있는 도구로, 주로 초보 사용자나 일반 창작자에게 적합하다. 기본적인 AI 영상 제작 기능을 제공하며, 제한적인 프롬프트 입력을 통해 쉽게 결과를 얻을 수 있다.

런웨이 Gen-3 알파: 더 고급화된 기능을 제공하여 영상의 질적 향상과 복잡한 장면 구성이 가능하다. 시드 번호를 사용해 일관성 있는 장면을 이어가거나, 더 정교한 카메라 각도와 장면 전환을 구현할 수 있으며, 전문가나 고급 사용자를 위해 최적화된 버전이다.

이 책은 런웨이 Gen-3 알파를 기준으로 설명하였고, 초보자가 쉽게 따라 할 수 있는 프로젝트 진행과 프롬프트 작성 방법을 통해 창의적인 영상 제작을 쉽게 접할 수 있도록 돕는다.

[그림 80] 출처: 저자 영상 제작 과정 (Runway) 캡처

[그림 81] 출처: 런웨이(Runway) 공식 홈페이지에서 캡처

2. 런웨이 Gen-3 알파의 시작 ───────

가. AI 영상 제작이란 무엇인가?

AI 영상 제작은 사용자가 입력한 텍스트 기반의 프롬프트를 바탕으로 인공지능(AI)이 자동으로 영상을 생성하는 혁신적인 방식이다. AI는 방대한 데이터와 학습된 패턴을 기반으로 텍스트를 시각적으로 해석하여 장면을 만들어낸다. 이러한 과정을 통해 사용자는 전문적인 영상 제작 기술 없이도 창의적인 영상을 손쉽게 제작할 수 있다.

런웨이 Gen-3 알파는 이러한 AI 영상 제작 방식을 지원하며, 텍스트 기반으로 양질의 영상을 빠르고 간단하게 제작할 수 있는 플랫폼이다.

나. 왜 런웨이 Gen-3 알파인가?

런웨이 Gen-3 알파는 브루(Vrew), 캡컷(CapCut), 비디오스튜디오(VideoStudio) 등의 영상 제작 플랫폼과는 달리 텍스트 기반의 영상 제작을 지원한다. 즉, 사용자가 텍스트로 장면을 설명하기만 하면 AI가 자동으로 해당 영상을 제작해 주는 방식이다.

이 자동화된 영상 제작 기능은 기존의 영상 편집 도구와 차별화된 가장 큰 강점이다. 또한, 4K 업스케일링 기능을 통해 고화질 영상을 손쉽게 만들 수 있어 창의적인 콘텐츠 제작이 더욱 간편해진다.

3. 런웨이 Gen-3 알파 가입 및 기본 환경 설정 ─

가. 런웨이 Gen-3 알파 가입

런웨이 Gen-3 알파는 생성형 AI를 사용하여 영상을 제작할 수 있는 혁신적인 도구이다. AI 기술이 발전함에 따라 영상 제작에 대한 수요가 급격히 증가하고 있으며, 런웨이 Gen-3 알파의 출시는 이 기술을 새로운 차원으로 끌어올렸다.

1) 런웨이 Gen-3 알파를 사용하기 위해서는 계정을 생성하고, 프로젝트를 시작하여 AI가 영상을 생성하는 과정을 거쳐야 한다.

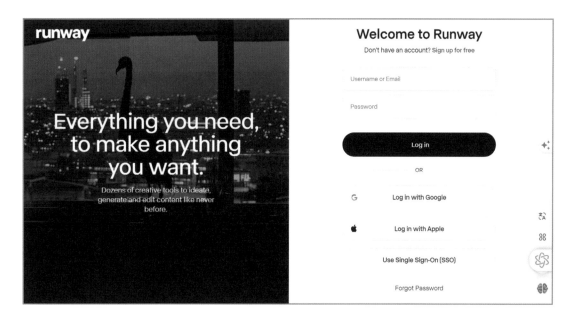

[그림 82] 출처: 런웨이(Runway) 공식 홈페이지에서 캡처

2) 실행 방법:

Runway 공식 웹사이트에 접속한다. https://app.runwayml.com/login

우측 상단의 'Sign Up' 버튼을 클릭하여 회원가입을 시작한다.

이메일 주소 또는 소셜 미디어 계정(Google, Facebook)을 사용하여 계정을 만든다.

회원가입이 완료되면 Gen-3 알파 기능을 신청하고, 대시보드로 이동한다.

나. 새로운 프로젝트 시작하기

대시보드에서 'Get Started' 시작 버튼을 클릭하여 새로운 프로젝트를 생성한다. 이 버튼을 누르면 초기 설정 화면으로 이동하며, 새로운 프로젝트를 시작할 수 있다.

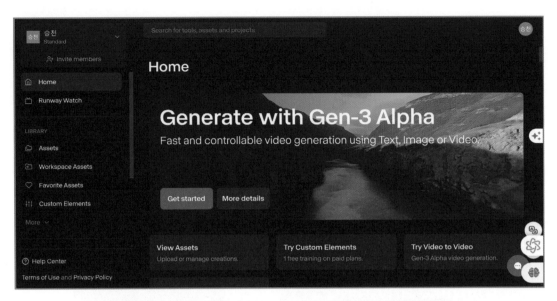

[그림 83] 출처: 런웨이(Runway) 공식 홈페이지에서 캡처

다. 프롬프트 입력하기

'텍스트를 비디오로(Text-to-Video)' 기능인 화면 좌측 하단의 'Describe Your Shot view guide'라고 표시된 텍스트 입력란에 원하는 또는 작성한 프롬프트를 입력한다. 이 입력란은 텍스트 프롬프트를 작성하여 영상을 구체적으로 설명할 수 있는 곳이다.

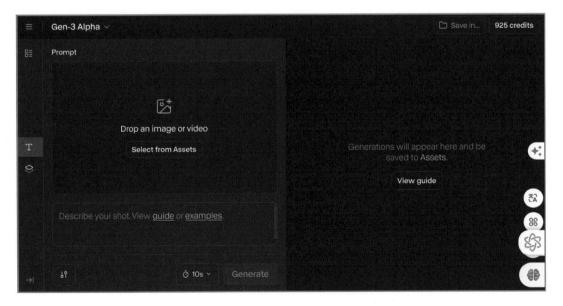

[그림 84] 출처: 런웨이(Runway) 공식 홈페이지에서 캡처

프롬프트 예시:

'A wide-angle shot of a brown horse galloping across a vast, green Mongolian steppe under a bright early summer sky.'

AI는 입력된 프롬프트를 분석하고, 해당 장면을 기반으로 영상을 생성한다. 입력이 완료되면 시작 (Generate) 버튼을 클릭하여 AI가 영상을 생성하도록 한다

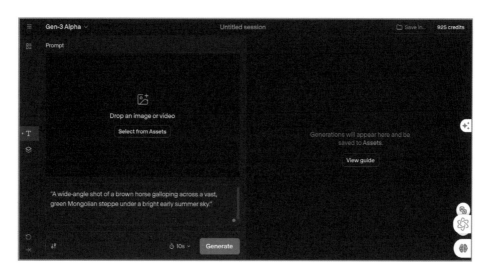

[그림 85] 출처: 런웨이(Runway) 공식 홈페이지에서 캡처

라. 기본 인터페이스 이해

설명: 프로젝트를 시작하면 주로 런웨이 Gen-3 알파의 작업 인터페이스가 나타난다. 이 인터페이스는 프로젝트 관리, 타임라인, 도구 메뉴 등으로 구성되어 있으며, 사용자는 텍스트 프롬프트를 이용해 영상을 생성하고, 필요한 경우 타임라인을 사용해 후속 작업을 추가로 진행할 수 있다. 이 인터페이스는 영상 제작 과정을 직관적으로 관리할 수 있도록 설계되었다.

마. 텍스트에서 이미지 생성 이해하기

설명: 런웨이 Gen-3 알파에서 AI가 텍스트 프롬프트를 기반으로 영상을 생성하는 과정은 매우 정교하다. 사용자는 텍스트 프롬프트를 통해 AI에게 원하는 장면을 설명하며, 이 프롬프트의 구체성에 따라 AI가 해석하고 영상을 만들어낸다. 장면의 색상, 조명, 카메라 각도, 움직임 등 세부적인 요소들이 텍스트에서 바로 영상으

로 구현되며, 이러한 요소들을 구체적으로 지시할수록 AI가 생성하는 영상의 품질과 디테일이 더 높아진다.

4. 프롬프트 작성의 기술

가. 프롬프트란 무엇인가?

프롬프트는 일반적으로 어떤 작업을 수행하기 위해 주어지는 명령어 또는 지시사항을 의미한다. AI 시스템에서 프롬프트는 사용자가 원하는 결과를 얻기 위해 제공하는 텍스트 입력으로, AI가 해당 명령을 해석해 작업을 수행하는 데 중요한 역할을 한다.

- 설명:
프롬프트는 런웨이 Gen-3 알파에서 AI가 영상을 생성할 때 사용자가 입력하는 핵심 텍스트 명령어이다. 사용자는 이 텍스트를 통해 원하는 장면, 스타일, 분위기, 그리고 카메라 움직임 등을 AI에 설명하게 된다. 프롬프트는 짧고 명확하게 작성해야 하며, 구체적일수록 AI가 원하는 결과를 더 정확하게 구현할 수 있다. 간결하고 구체적인 텍스트 명령이 효과적인 영상 제작의 핵심이 된다.

나. 프롬프트 작성 기본 원칙

- 설명:
텍스트 프롬프트는 AI가 장면을 정확하게 이해하고 생성할 수 있도록 간결하면서도 구체적으로 작성해야 한다. 프롬프트에는 장면의 배경, 피사체, 카메라 각도, 조명, 분위기 등 필수적인 정보를 포함해야 한다. 이렇게 함으로써 AI는 사용자가 원하는 결과물에 최대한 가깝게 영상을 생성할 수 있다.

- 실행 방법:
- 텍스트 프롬프트를 작성할 때는 아래와 같은 요소들을 포함해야 한다.
- 배경은 장면이 어디에서 발생하는지 설명한다.
- 피사체는 장면의 주요 인물이나 사물을 명시한다.

- 카메라 각도는 장면이 어떤 각도에서 촬영되는지 설명한다.

- 조명 및 분위기는 장면의 조명 상태나 감정적인 분위기를 추가한다.

- 프롬프트:

"A drone shot of a vast forest at sunrise, with golden sunlight piercing through the mist."

- 결과물:

Runway Gen-3 Alpha는 이 프롬프트를 바탕으로 드론 시점에서 해가 떠오르며 안개 사이로 황금빛 햇살이 비추는 장면을 구현합니다. 드론의 시점에서 촬영한 듯한 높은 시각적 깊이감과 자연스럽게 조정된 색상, 조명이 사실적으로 표현되며, 사용자는 실제 드론 촬영과 유사한 결과물을 얻을 수 있다.

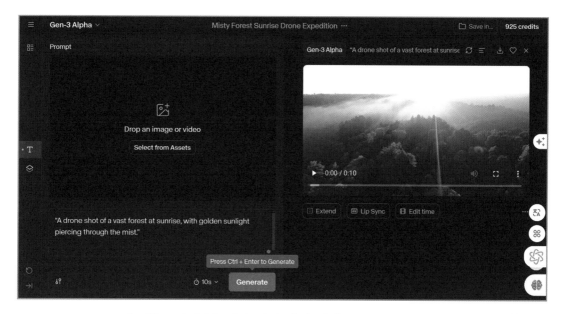

[그림 86] 출처: 저자 영상 제작 과정 (Runway) 캡처

다. 프롬프트 구상하기

런웨이 Gen-3 알파에서 구체적인 프롬프트를 작성하는 데 챗GPT를 활용하는 것은 매우 유용하다. 챗GPT는 프롬프트의 구체성을 높이고 다양한 아이디어를 제공해 사용자가 원하는 영상에 대한 세밀한 지침을 제시할 수 있기 때문이다. 다음은 챗GPT를 활용해 프롬프트 아이디어를 구상하는 방법과 이유를 단계별로 설명한다.

왜 챗GPT를 활용하는 것이 좋은지

아이디어 확장: 챗GPT는 사용자가 생각하지 못한 추가적인 요소나 다양한 시나리오를 제안할 수 있어, 프롬프트의 다양성과 창의성을 높일 수 있다.

정확한 묘사: 챗GPT는 자연스러운 언어 구사를 통해 사용자가 원하는 장면을 더 명확하고 구체적으로 설명할 수 있도록 도와준다.

효율성: 복잡한 프롬프트를 손쉽게 작성할 수 있어 영상 제작 과정의 시간을 절약할 수 있다.

맞춤형 피드백: 챗GPT는 사용자가 제공하는 기본 정보를 바탕으로 맞춤형 제안을 제공하므로, 원하는 결과물에 맞는 세밀한 프롬프트를 만들기 쉽다.

단계별 제안

* 1단계: 기본 아이디어 구상

먼저 영상의 전체적인 테마와 구도를 정한다. 예를 들어, "몽골 초원을 배경으로 말을 타는 기수들"이라는 기본 아이디어를 챗GPT에 전달한다. 챗GPT는 이 기본 아이디어를 확장하거나 세부 요소를 추가하는 데 도움을 줄 수 있다.

예시:

"몽골 초원을 배경으로 말을 타는 기수들이 등장하는 장면을 구상하고 싶다. 어떻게 프롬프트를 구체적으로 작성할 수 있을까?"

* 2단계: 세부 요소 추가

챗GPT에게 세부 요소를 묻고 추가한다. 예를 들어, 말의 색깔, 기수의 복장, 카메라 각도 등을 물어보면서 아이디어를 구체화한다.

예시:

"각 말의 색깔을 갈색, 검정색, 흰색으로 하고, 기수들은 전통적인 몽골 복장을 입고 있다고 묘사하고 싶다. 또한, 이 장면을 광각 촬영으로 보여주고 싶다."

- 3단계: 환경 묘사

챗GPT를 사용해 배경과 환경을 묘사할 수 있다. 하늘의 상태나 계절을 더해 장면의 분위기를 설정하는 것도 가능하다.

예시:

"맑은 초여름 하늘 아래에서 기수들이 말을 타고 달리는 장면으로, 배경은 넓고 푸른 초원으로 묘사하고 싶다."

- 4단계: 음악이나 감정 요소 추가

음악적 분위기나 영상의 감정적 톤을 추가할 수 있다. 챗GPT에게 이 장면에 어울리는 음악적 요소나 감정을 추가로 묻고 프롬프트에 반영할 수 있다.

예시:

"이 장면에 어울리는 음악적 분위기나 감정적 요소는 무엇이 있을까?"

- 5단계: 최종 프롬프트 작성

챗GPT가 제안한 세부 사항을 모두 통합해 최종 프롬프트를 완성한다. 여기에서 자연스러운 문장 구조와 세밀한 설명이 결합된 프롬프트가 만들어진다.

최종 예시 프롬프트

"A wide-angle shot of three horses galloping across a vast, green Mongolian steppe under a bright early summer sky. The horses—one brown, one black, and one white—are being ridden by riders in traditional Mongolian attire."

결론

챗GPT를 사용해 프롬프트를 구상하는 것은 효율적이고 창의적인 방식이다. 아이디어를 확장하고 세부 사항을 추가하며, 영상의 감정적 톤이나 분위기까지 완벽하게 설정할 수 있다. 단계별로 아이디어를 구상하고 챗GPT의 제안을 활용해 프롬프트를 다듬으면 런웨이 Gen-3 알파에서 원하는 영상을 훨씬 더 쉽게 제작할 수 있다.

[그림 87] 출처: 저자 영상 제작 과정 (Runway) 캡처

라. 프롬프트 세부화하기

프롬프트에 더 많은 세부 사항을 추가하면 AI가 생성하는 영상의 품질과 디테일이 크게 향상된다. 카메라의 움직임, 조명 조건, 피사체의 행동, 환경의 분위기, 색채, 질감 등을 구체적으로 설명하면 AI가 더 정교하고 현실감 있는 영상을 생성하는 데 도움이 된다. 프롬프트 세부화는 사용자가 원하는 결과를 정확히 얻기 위해 필수적인 과정이다.

• 실행 방법:
다음과 같은 세부 요소를 포함하여 프롬프트를 더욱 구체화할 수 있다:

카메라의 움직임: 카메라의 위치, 각도, 움직임을 구체적으로 설정하여 영상의 동적인 느낌을 표현할 수 있다.
예: "A tracking shot from behind, slowly following the galloping brown horse, capturing its powerful strides as dust kicks up from the ground."

조명 조건: 햇빛, 그림자, 날씨, 시간대 등을 묘사하여 영상의 분위기를 설정할 수 있다.
예: "The warm, golden sunlight of early evening casts long shadows across the steppe,

highlighting the muscles rippling under the horse's sleek coat."

피사체의 행동: 말이나 사람 등 피사체의 움직임이나 표정을 구체적으로 묘사한다.

예: "The horse's mane flows wildly in the wind as its hooves pound the earth, creating a rhythmic thud in sync with its powerful gallop."

환경 묘사: 배경의 자연경관, 바람, 소리, 색감 등을 설명하여 영상의 생동감을 더할 수 있다.

예: "Vast, green Mongolian grasslands stretch endlessly into the horizon, with a few wispy clouds drifting slowly across the blue sky, while a gentle breeze rustles the tall grass."

음악 및 소리: 배경 음악이나 자연의 소리를 추가하여 분위기를 한층 더 강조할 수 있다.

예: "The rhythmic sound of the horse's hooves is accompanied by the distant howl of the wind, while epic orchestral music swells in the background to underscore the grandeur of the scene."

5. 효과적인 프롬프트 작성

가. 챗GPT와 함께하는 프롬프트 작성 팁

챗GPT와 함께하는 프롬프트 작성 팁

1. **챗GPT**에 **Gen-3 알파 프롬프트 가이드**를 학습시키면 창의적이고 효율적인 프롬프트 작성이 가능하다.

2. **챗GPT**에게 본인이 구상하고 있는 영상에 대한 아이디어를 요청하고, 영어와 한글로 된 프롬프트 제안을 받는 기법을 익힌다.

3. **챗GPT**가 제안해 준 프롬프트 중 가장 알맞은 영어 프롬프트를 선택하여 **Gen-3 알파** 플랫폼에 텍스트를 입력하는 방법을 익힌다.

4. **Gen-3 알파**의 'Text-to-Video' 입력란에 프롬프트를 복사하고 'Generate' 버튼을 클릭하면 놀라운 AI 영상이 자동으로 생성된다.

5. 원하는 해상도(4K 가능)로 영상을 다운로드하고 저장할 수 있다

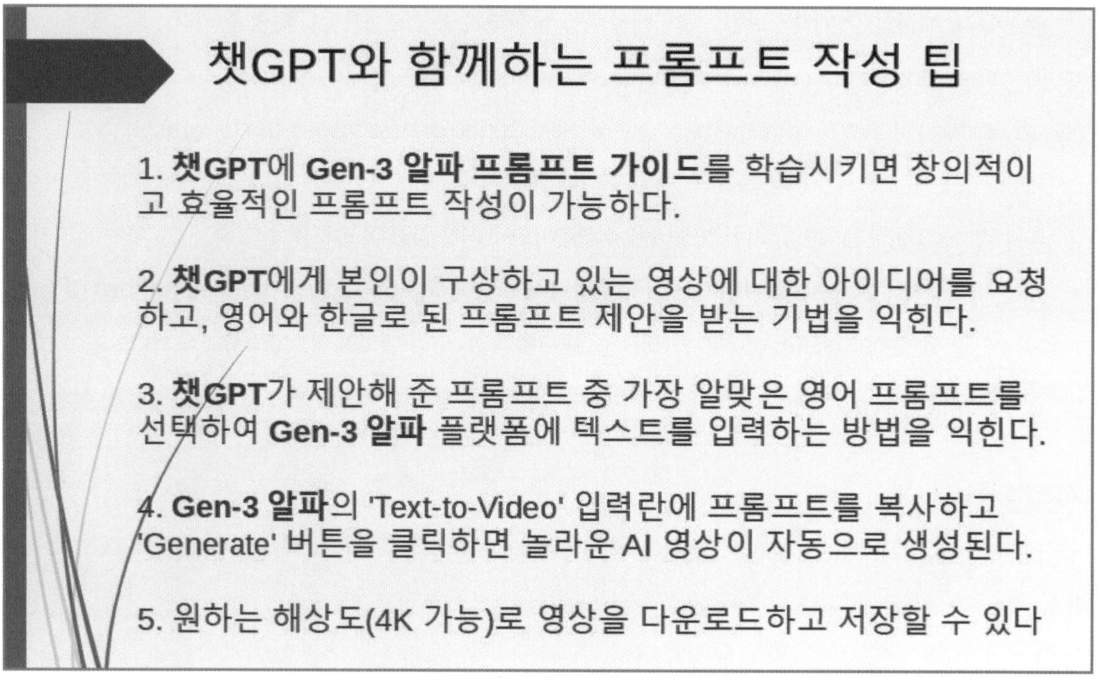

[그림 88] 출처: 저자 제작 PPT 자료

챗GPT에 런웨이 Gen-3 알파의 프롬프트 작성 가이드를 학습시켜, 더 창의적이고 효율적인 프롬프트 작성이 가능하다. 이 기능을 통해 다양한 영상 스타일을 시도해볼 수 있으며, 텍스트 기반 영상 제작의 범위를 확장할 수 있다.

나. 챗GPT에 가이드 학습 지시 및 실행 과정

1단계: Gen-3 알파 프롬프트 가이드 문서 확인 및 복사

Gen-3 알파 프롬프트 가이드 문서를 확인한 후 복사한다. 해당 가이드는 런웨이 공식 사이트에서 확인할 수 있다.

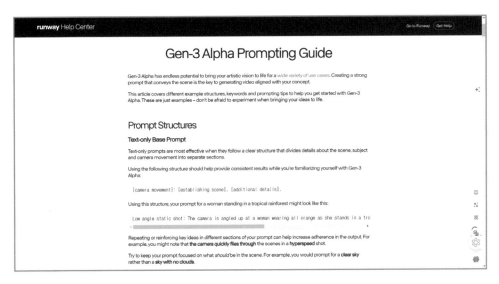

[그림 89] 출처: 런웨이(Runway) 공식 홈페이지에서 캡처

2단계: 챗GPT에 가이드 학습 지시

복사한 Gen-3 알파 프롬프트 가이드를 챗GPT에 입력한 후 학습해 달라고 지시한다.

3단계: 학습 완료 후 활용

챗GPT가 런웨이 Gen-3 알파 프롬프트 가이드를 학습하게 되면, AI 영상 제작의 기본 구조와 핵심 요소들을 더 잘 이해하고, 사용자들이 원하는 창의적인 영상을 더 쉽게 제작할 수 있다.

4단계: 프롬프트 작성 요청

챗GPT에 "프롬프트를 1) 영어 2) 한글로 작성해 달라"고 요청할 수 있다.

5단계: 영어로 작성된 프롬프트 입력

영어로 작성된 프롬프트를 런웨이 Gen-3 알파의 'Describe your shot view guide or examples' 섹션에 입력한다. 현재는 영어 프롬프트만을 지원하고 있다.

6단계: Generate 버튼 클릭

Generate 시작 버튼을 클릭하여 AI 영상 제작을 시작한다. AI는 입력된 프롬프트를 기반으로 영상을 생성한다.

7단계: 원하는 화질 선택 후 다운로드

영상 생성이 완료되면, 원하는 해상도(예: 1080p, 4K)를 선택하여 영상을 다운로드한다.

6. 런웨이 Gen-3 알파 AI 영상 제작의 실제 ──

가. 첫 AI 영상 만들기

간단한 프롬프트로 시작하기

• 설명:

AI 영상 제작의 첫 단계는 간단한 텍스트 프롬프트를 입력하여 영상을 만드는 것이다. 간단한 장면을 묘사한 프롬프트를 통해 AI의 영상 제작 능력을 쉽게 체험할 수 있다.

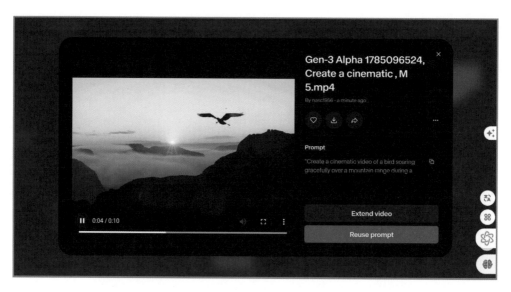

[그림 90] 출처: 저자 영상 제작 과정 (Runway) 캡처

• 실제 활용:

사용자가 "일몰 동안 산맥 위를 나는 새"라는 프롬프트를 입력하면, AI는 그 장면을 빠르게 생성한다.

- 프롬프트:

'A bird flying over a mountain range during sunset.'

- 결과물:

AI는 일몰 시간에 산맥 위를 나는 새의 장면을 자연스럽게 구현하며, 조명과 색감을 사실적으로 재현해 낸다.

이 방법을 통해 프롬프트 작성의 효율성을 높이고, 런웨이 Gen-3 알파를 활용하여 더 빠르고 창의적인 AI 영상을 제작할 수 있다.

AI와 함께하는 미래의 영상 제작

- 설명:

AI는 반복적이거나 기계적인 작업을 자동화할 수 있지만, 인간의 창의성과 협력하여 더욱 독창적인 결과물을 만들 수 있다. AI는 데이터를 분석하고 빠르게 처리하는 데 탁월한 능력을 보이지만, 감성적이고 예술적인 결정은 여전히 인간의 몫이다. AI와 인간의 협업은 영상 제작에서 새로운 가능성을 열어주며, 창의적 비전을 실현하는 도구로서 AI를 활용할 수 있다.

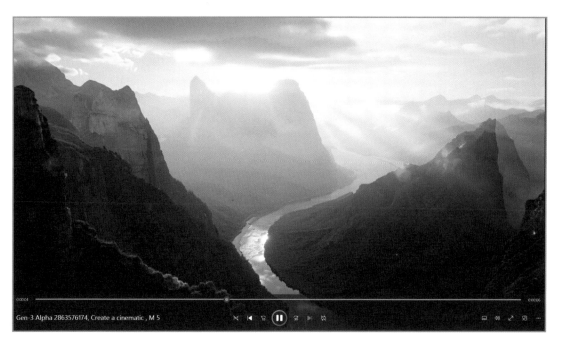

[그림 91] 출처: 저자 영상 제작 과정 (Runway) 캡처

- 프롬프트:

'A scenic landscape with AI-generated mountains and rivers, with human input for lighting adjustments and a warm sunset.'

- 결과물:

AI는 산과 강을 포함한 풍경을 자동으로 생성한 후, 인간이 조명과 색감을 세밀하게 조정하여 더 감성적이고 창의적인 영상을 완성한다. AI와 인간의 협업을 통해 더 섬세한 영상 제작이 가능하다.

이미지 생성과 영상 제작을 하는 단계별 실제 예

- 1단계: 챗GPT에게 입력한 1차 프롬프트의 예

'하얗게 부서지는 거대한 파도에서 서핑보드를 타고 있는 남자를 애니메이션으로 제작할 수 있도록 프롬프트를 작성해 줘.'

- 2단계: 챗GPT가 작성한 프롬프트 확인

- 프롬프트 :

"Wide-angle shot: A man rides a surfboard through a massive, crashing white wave in the ocean. The camera tracks him from behind as he skillfully navigates through the rushing water. The wave is towering above, white foam splashing in all directions. The sunlight reflects off the water, creating shimmering patterns. The camera slowly zooms in on the surfer as he balances himself amidst the power of the wave, capturing the motion and intensity of the ocean. Dynamic motion with a cinematic feel."

- 프롬프트 :

"광각 샷: 한 남자가 거대한 하얗게 부서지는 파도에서 서핑보드를 타고 있다. 카메라는 그가 물살을 능숙하게 가르는 장면을 뒤에서 따라간다. 파도는 거대하게 솟아올라 있으며, 하얀 물보라가 사방으로 튀어 오른다. 태양 빛이 물에 반사되어 반짝이는 패턴을 만들어낸다. 카메라는 서퍼가 파도의 힘 속에서 균형을 잡은 모습을 천천히 줌인하며, 바다의 움직임과 강렬함을 포착한다. 역동적인 움직임과 시네마틱한 느낌을 담는다."

[그림 92] 출처: 저자 영상 제작 과정 (Runway) 캡처

• 3단계: 챗GPT에 이미지 생성 요청 ('Text –to-Video' 기반 영상 제작에서는 생략)

챗GPT를 사용하여 영상 제작을 위해 준비된 위 프롬프트(영어)를 다시 챗GPT 화면에 입력한 후, '위 첨부한 내용의 이미지를 생성해 줘'라고 요청한다. 이 단계는 'Text-to-Video' 기반 영상 제작에서는 필요 없는 과정이나, 초보 단계에서 영상 작품을 미리 상상할 수 있다.

• 4단계: 챗GPT가 생성한 이미지 확인 (Text-to-Video 기반 영상 제작에서는 생략)

챗GPT가 그려준 이미지에서 거대한, 하얗게 부서지는 파도 속에서 서핑보드를 타는 남자의 모습을 감상할 수 있다. 요청한 장면을 바탕으로 애니메이션을 제작할 때 참고하기 좋은 이미지이다. 하지만 이 과정을 거치지 않고, 아래와 같이 프롬프트의 입력만으로 훌륭한 영상을 제작할 수 있다.

• 5단계: 'Text –to-Video' 기반 영상 제작

런웨이 Gen-3 알파의 'Text-to-Video' 기능인 'Describe Your Shot'이라고 표시된 텍스트 입력란에 위 영어 프롬프트를 입력한다.Text-to-Video는 사용자가 작성한 텍스트 프롬프트를 기반으로 AI가 자동으로 영상을 생성하는 기능이다.

• 장점:

쉽고 직관적: 복잡한 시각 자료 없이 텍스트만으로 원하는 영상을 만들 수 있다. 텍스트로만 영상을 설명하면 AI가 알아서 영상을 제작하기 때문에 누구나 쉽게 접근할 수 있다.

창의적인 결과: 다양한 텍스트 입력을 통해 창의적인 영상 결과를 얻을 수 있다. 세밀한 묘사나 감정적 톤까지 반영할 수 있는 유연성이 크다.

빠른 제작: 텍스트만으로 영상을 만들기 때문에 영상 소스를 준비하거나 편집할 필요 없이 신속하게 제작할 수 있다.

- 단점:

구체성 한계: 텍스트만으로 세부적인 디테일을 표현하는 데 한계가 있다. 예를 들어, 특정 각도나 특정 인물의 외형 같은 구체적인 디테일을 텍스트로 명확하게 전달하기 어려울 수 있다.

예측 불가능한 결과: AI가 텍스트를 해석하는 방식에 따라 예상과 다른 결과물이 나올 수 있다. 프롬프트가 모호할 경우, 원하는 스타일과는 다른 영상이 생성될 수 있다.

- 한계:

복잡한 영상: 현재 기술로는 복잡한 액션 시퀀스나 다중 장면 전환이 있는 영상을 제작하는 데 한계가 있다. 비교적 간단한 구조의 영상 제작이 주를 이룬다.

- 6단계: 이미지 기반 AI 영상 제작

런웨이 Gen-3 알파는 이미지만으로도 영상을 제작 할 수 있다. 이미지 기반 AI 영상 제작은 이미지를 사용하여 그 이미지에 맞춰 영상을 제작하는 방식이다. 예를 들어, 한 장의 이미지를 업로드하면 AI가 해당 이미지에서 파생되는 장면을 이어나가며 영상을 생성한다.

- 장점:

정교한 디테일: 이미지를 기반으로 하기 때문에 영상의 디테일을 더 정밀하게 컨트롤할 수 있다. 이미지의 질감, 색상, 구도 등이 그대로 반영되어 더 구체적인 표현이 가능하다.

시각적 일관성: 이미지 기반이므로 텍스트 기반보다 영상의 일관성을 유지할 수 있다. 이는 원하는 스타일이나 특정한 시각적 요소를 강하게 반영할 수 있는 장점이다.

- 단점:

창의적 한계: 텍스트 기반에 비해 창의력이 제한될 수 있다. 이미지를 기초로 하기 때문에 이미지에서 크게 벗어난 결과물을 얻기는 어렵다.

준비 과정 필요: 사용자가 직접 이미지를 준비해야 하므로 텍스트 기반보다 더 많은 준비 과정이 필요하다. 적절한 이미지를 찾거나 제작하는 과정이 필요하다.

• 실제 활용:

챗GPT에 프롬프트를 입력하여 생성한 탐험가의 이미지 사진 장면으로 AI 영상 제작

[그림 93] 출처: 저자 영상 제작 과정 (Runway) 캡처

[그림 94] 출처: 저자 영상 제작 과정 (Runway) 캡처

• 한계:

고정된 스타일: 이미지 기반 영상은 주어진 이미지를 중심으로 진행되므로 스타일 변화가 어렵다. 텍스트 기반보다 변화의 폭이 적다.

품질 및 해상도: 두 방법 모두 4K 이상의 초고해상도 영상을 만들 수 있지만, 세밀한 디테일 표현에서 제약이 있을 수 있다. 특히 복잡한 이미지나 정교한 특수 효과가 필요한 경우에는 개선이 필요하다.

실시간 편집 한계: 사용자가 실시간으로 장면을 편집하거나 수정하는 기능은 제한적이다. AI가 제안하는 결과물에 의존해야 하기 때문에 즉각적인 수정이 어렵다.

프롬프트 이해력: AI가 텍스트 또는 이미지를 해석하는 능력은 계속 발전하고 있지만, 여전히 사용자의 의도와 100% 일치하지 않을 때가 많다. AI의 해석에 따라 결과물이 달라질 수 있다.

• 결론
Text-to-Video는 간편하게 사용할 수 있고 창의적인 아이디어를 빠르게 실현할 수 있다. 하지만 디테일한 표현에 한계가 있고, 예측 불가능한 결과가 나올 수 있다.

이미지 기반 AI 영상 제작은 구체적이고 일관성 있는 영상을 만들 수 있지만, 창의성이 제한될 수 있고 더 많은 준비 과정이 필요하다.

영상 다운로드 및 공유

• 설명:
생성된 AI 영상을 고해상도로 내려받은 후, 다양한 플랫폼에서 공유할 수 있다. 런웨이 Gen-3 알파는 사용자가 1,080p 또는 4K 해상도까지 영상을 내보낼 수 있으며, 유튜브나 소셜 미디어에 쉽게 업로드할 수 있게 지원한다.

• 실제 활용:
완성된 영상을 내려받은 후 유튜브, 인스타그램 등 소셜 미디어에 업로드하여 더 많은 사람과 공유할 수 있다.

나. 나만의 창의적인 영상 구상

• 설명:
창의적인 영상 제작에서 자신의 고유한 비주얼 스타일을 찾는 것은 매우 중요하다. 다양한 스타일과 기법을 실험하고, 이를 통해 자신만의 시각적 언어를 개발할 수 있다. 각기 다른 기법을 사용해 나만의 스타일을 만들어내는 과정은 영상 제작에서의 큰 즐거움이 된다.

[그림 95] 출처: 저자 영상 제작 과정 (Runway) 캡처

· 실제 활용:

한 예로 챗GPT에게 "지구 탄생 과정을 이미지와 동영상으로 10초 동안 만들고 싶다. 위와 관련된 아이디어를 줘."라고 입력한 후, "지구의 형성부터 생명의 탄생까지를 간결하게 시각적으로 표현하고, 10초의 짧은 시간 안에 이러한 과정을 효과적으로 전달하는 것이 목표"라고 했을 때 제시된 프롬프트 예시이다.

프롬프트

"태양계 초기에서 먼지와 가스가 모여 원시 행성을 형성하는 과정을 시작으로 지구가 형성되는 10초 분량의 영상을 만들어 주세요. 붉게 타오르는 용암으로 덮인 지구의 용융 상태를 긴장감 있는 음악과 함께 보여주며, 화산 폭발이 대기를 형성하는 장면으로 전환됩니다.

폭우가 바다를 만들어내고, 그 후 밝은 색의 미생물이 출현하는 모습을 경쾌한 음악과 함께 보여줍니다. 카메라는 우주에서 지구 표면으로 역동적으로 이동하며 변화하는 환경을 강조합니다."

"Create a 10-second video starting with the early solar system, where dust and gas come together to form a proto-planet, leading to the formation of Earth. Show the molten state of the Earth, covered in fiery lava, with tense music to set the mood.

Transition to volcanic eruptions forming the atmosphere. Then, heavy rain creates oceans, followed by the appearance of bright-colored microorganisms with cheerful music. The camera dynamically moves from space to the Earth's surface, emphasizing the changing environment."

[그림 96] 출처: 저자 영상 제작 과정 (Runway) 캡처

프롬프트

"영상은 지구의 뜨거운 용암 상태에 집중하여 시작하고, 붉게 타오르는 용암이 표면을 가로지르며 흐르고 긴장감 넘치는 서스펜스 음악이 분위기를 조성한다. 장면이 진행됨에 따라 화산 폭발이 일어나며 대기를 형성하고, 그 후에는 폭우가 내려 바다를 형성하는 모습을 보여준다.

마지막으로 밝은 색으로 표현된 미생물의 출현을 보여주며, 기쁨과 희망을 상징하는 밝고 경쾌한 음악이 함께한다. 카메라는 역동적으로 움직이며, 용암 표면의 근접 촬영에서 시작해 점차 확대되며 진화하는 지구를 우주에서 보여주는 장면으로 마무리된다."

"The video begins by focusing on Earth's molten state, with fiery lava flowing across the surface, accompanied by suspenseful, tension-filled music to set the tone. As the scene progresses, volcanic eruptions form the atmosphere, followed by heavy rain that gives rise to the oceans.

Finally, the emergence of brightly colored microorganisms is shown, symbolizing joy and hope with cheerful, uplifting music. The camera moves dynamically, starting with close-up shots of the molten surface, gradually zooming out to reveal the evolving Earth from space, concluding the scene."

7. Epilogue

이제 여러분은 런웨이 Gen-3 알파의 기본을 익히며, AI와 함께하는 영상 제작의 새로운 장을 열 준비가 되었습니다. 이 도구는 단순한 영상 제작 프로그램을 넘어, 창의성과 혁신을 끌어낼 수 있는 강력한 동반자입니다. 여러분이 상상하는 그 이상의 가능성을 현실로 바꾸는 런웨이 Gen-3 알파의 힘을 느껴보세요.

AI가 제공하는 무한한 가능성 속에서, 이제 여러분은 단순히 영상을 제작하는 것을 넘어, 창작의 새로운 경지를 탐험할 수 있습니다. 여러분이 입력하는 프롬프트 한 줄이 전 세계의 창의적 흐름 속에 새로운 물결을 일으킬 수 있습니다.

이제 AI와 협력해 나만의 독창적인 영상을 만들고, 여러분만의 창의적인 비전을 마음껏 펼쳐보세요. 앞으로 여러분의 여정이 더욱 빛나고, AI와 함께하는 혁신적이고 창의적인 도전들이 여러분의 미래를 밝히길 진심으로 응원합니다.

[그림 97] 출처: 저자 영상 제작 과정 (Runway) 캡처

VIII.

Luma AI「Dream Machine」가이드
루마 드림 머신: AI로 만드는 영화급 동영상

저자 김진수

1. Prologue

영상 제작의 세계가 급격히 변화하고 있다. 인공지능 기술의 눈부신 발전으로 인해 전문가가 아니어도 고품질 영상을 쉽게 만들 수 있는 시대가 도래했다. 이러한 혁명적인 변화의 중심에 루마 AI의 '드림 머신(Dream Machine)'이 자리잡고 있다.

드림 머신은 2024년 6월에 출시된 최신 동영상 생성 AI 도구이다. 이 혁신적인 도구는 단순한 텍스트와 이미지만으로 영화 예고편 수준의 고품질 동영상을 만들어낼 수 있다. 사용법이 직관적이고 간단하면서도 결과물의 퀄리티가 매우 높아 출시 직후부터 크게 주목받고 있다.

이 챕터에서는 드림 머신의 특징과 상세한 사용법, 그리고 다양한 활용 방안에 대해 깊이 있게 알아볼 것이다. AI를 활용한 영상 제작의 새로운 가능성을 탐구하고, 이 혁신적인 도구를 어떻게 효과적으로 사용할 수 있는지 단계별로 살펴볼 것이다. 또한, 드림 머신을 다른 유사한 AI 도구들과 비교하여 그 장단점을 명확히 이해할 수 있도록 할 것이다.

드림 머신은 영상 제작의 민주화를 이끌고 있다. 이제는 전문적인 영상 제작 기술이나 고가의 장비 없이도 누구나 자신의 창의적인 아이디어를 고품질 영상으로 구현할 수 있게 되었다. 이는 콘텐츠 창작의 새로운 지평을 열어주고 있으며, 개인 크리에이터부터 대기업에 이르기까지 다양한 주체들에게 무한한 가능성을 제공하고 있다.

AI 기술은 끊임없이 발전하고 있으며, 드림 머신은 그 발전의 최전선에 있는 도구이다. 이 가이드북을 통해 여러분도 AI 영상 제작의 세계로 한 걸음 더 나아갈 수 있기를 바란다. 드림 머신의 잠재력을 충분히 이해하고 활용함으로써, 여러분의 창의성을 새로운 차원으로 끌어올릴 수 있을 것이다.

이제 우리는 AI와 인간의 협업을 통해 만들어낼 수 있는 놀라운 작품들의 시대를 맞이하고 있다. 드림 머신은 그 여정의 시작점에 불과하다. 이 가이드북이 여러분의 창의적인 영상 제작 여정에 든든한 동반자가 되기를 희망한다. 함께 AI 영상 제작의 새로운 시대를 열어 가보자.

2. 루마 드림 머신 소개

가. AI 동영상 제작의 새로운 지평

루마 AI의 '드림 머신'은 AI 기술을 활용하여 고품질 동영상을 손쉽게 제작할 수 있는 혁신적인 도구이다. 2024년 6월에 출시된 이 서비스는 텍스트와 이미지만으로 영화 예고편 수준의 동영상을 생성할 수 있어 크게 주목받고 있다.

드림 머신은 누구나 창의적인 아이디어를 영상으로 구현할 수 있도록 해준다. 전문적인 영상 제작 기술이나 고가의 장비 없이도 고품질의 동영상을 만들 수 있게 되어, 영상 제작의 민주화를 이끌고 있다. 이는 개인 크리에이터부터 대기업까지 다양한 사용자에게 새로운 기회를 제공한다.

나. 주요 특징과 장점

드림 머신은 사용 편의성과 결과물의 퀄리티 면에서 뛰어난 장점을 가지고 있다. 주요 특징은 다음과 같다:

간편한 사용성: Google 계정으로 쉽게 가입할 수 있으며, 직관적인 사용자 인터페이스로 누구나 손쉽게 사용할 수 있다.

고품질 영상 생성: 부드러운 움직임과 높은 해상도의 동영상을 생성할 수 있다. 무료 플랜에서도 1080p 풀 HD 해상도를 지원하며, 유료 플랜에서는 최대 4K 해상도의 영상 제작이 가능하다.

다양한 스타일 지원: 실사 영상부터 애니메이션 스타일까지 다채로운 영상 스타일을 지원한다.

프롬프트 확인 기능: 생성된 동영상에 사용된 프롬프트를 확인할 수 있어, 추후 유사한 영상을 제작할 때 참고할 수 있다.

무료 사용 가능: 월 30회까지 무료로 영상을 생성할 수 있어 진입 장벽이 낮다.

상업적 이용 지원: 유료 플랜 사용 시 상업적 용도로 영상을 활용할 수 있다.

이러한 특징들로 인해 드림 머신은 뮤직비디오, 애니메이션, 영화 예고편 스타일의 영상 제작 등 다양한 분야에서 활용될 수 있다. 앞으로 드림 머신의 지속적인 발전과 함께 영상 제작 산업에 큰 변화가 예상된다.

3. 시작하기

가. 간편한 가입 절차

루마 드림 머신을 사용하기 위해서는 우선 회원 가입을 해야 한다. 다행히도 가입 절차가 매우 간단하다. 구글 계정만 있으면 누구나 쉽고 빠르게 가입할 수 있다.

가입 절차

가) 루마 드림 머신 홈페이지에 접속한다. 하단이 홈페이지 주소이다.
https://lumalabs.ai/dream-machine#DreamMachine

나) 오른쪽 상단에 위치한 "Try Now" 버튼을 클릭한다.

[그림 98] 회원가입
화면

다) "Sign in with Google"을 클릭하여 구글 계정으로 로그인한다.

라) 사용할 구글 계정을 선택하고 클릭하면 가입이 완료된다.

이처럼 복잡한 회원 가입 폼을 작성할 필요 없이 간단한 절차만으로도 드림 머신을 이용할 수 있다. 구글 계정 하나로 손쉽게 가입할 수 있어 접근성이 매우 높다.

나. 요금제 비교 및 선택

드림 머신은 무료 플랜과 3개의 유료 플랜을 제공한다. 유료 플랜은 월간 요금제와 연간 요금제 두 가지 옵션이 있다.

가) 프리 플랜 (Free Plan)

가격: 무료

프리 플랜은 개인적인 사용자를 위한 무료 요금제로, 월 최대 30회의 생성 기능을 제공. 상업적 이용 불가능.

나) 라이트 플랜 (Lite Plan)

가격: 월 $7.99 (연간 $95.90) / 월 $9.99

월 최대 40회의 기본 생성 기능과 30회의 추가 생성을 제공하며, 높은 우선 순위 처리가 가능. 상업적 용도는 불가능.

다) 스탠다드 플랜 (Standard Plan)

가격: 월 $23.99 (연간 $287.90) / 월 $29.99

상업적 이용이 가능한 중급 사용자에게 적합한 요금제. 월 최대 120회의 기본 생성과 30회의 추가 생성 기능 제공.

라) 플러스 플랜 (Plus Plan)

가격: 월 $51.99 (연간 $623.90) / 월 $64.99

상업적 이용과 월 최대 280회의 생성 기능을 제공하며, 추가로 30회의 생성이 가능. 고급 사용자에게 적합.

마) 프로 플랜 (Pro Plan)

가격: 월 $79.99 (연간 $959.90) / 월 $99.99

전문가용 요금제로, 월 최대 450회의 생성과 추가 30회의 생성 기능을 제공. 상업적 용도로 사용할 수 있으며, 워터마크가 제거됨.

바) 프리미어 플랜 (Premier Plan)

가격: 월 $399.99 (연간 $4799.90) / 월 $499.99

대규모 프로젝트에 적합하며, 월 최대 2400회의 생성 기능과 추가 30회의 생성이 제공. 워터마크가 제거되며 상업적으로 이용할 수 있음.랜에서는 상업적 이용이 가능하다.

처음 드림 머신을 사용하는 경우, 무료 플랜으로 시작하여 서비스를 체험해 보는 것이 좋다. 이후 더 많은 영상 생성이 필요하거나 상업적 이용을 원한다면 유료 플랜으로 업그레이드하는 것을 고려해 볼 수 있다. 연간 요금제로 결제하면 월간 요금제 대비 20%의 할인 혜택이 있으므로 장기적으로 사용할 계획이라면 연간 요금제가 더 경제적이다.

요금제별 주요 사항을 표로 정리하면 다음과 같다.

플랜 이름	가격 (월간)	가격 (연간)	생성 횟수	상업적 이용	워터마크 제거
프리 플랜	무료	무료	30회/월	불가	불가
라이트 플랜	$7.99	$95.9	40회+30회 추가/월	불가	불가
스탠다드 플랜	$23.99	$287.9	120회+30회 추가/월	가능	가능
플러스 플랜	$51.99	$623.9	280회+30회 추가/월	가능	가능
프로 플랜	$79.99	$959.9	450회+30회 추가/월	가능	가능
프리미어 플랜	$399.99	$4799.9	2400회+30회 추가/월	가능	가능

[표 17] 유료 요금제 비교표

[그림 99] 루마AI 연간 요금제

(출처:공식 사이트 https://lumalabs.ai/dream-machine/account)

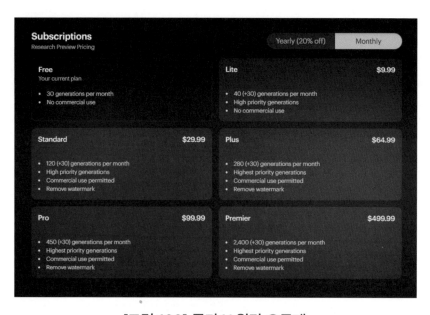

[그림 100] 루마AI 월간 요금제

(출처:공식 사이트 https://lumalabs.ai/dream-machine/account)

가입과 요금제 선택을 마치면 이제 드림 머신으로 영상을 생성할 준비가 된 것이다. 간단한 절차만으로도 누구나 AI 영상 제작에 도전해 볼 수 있게 되었다.

다음 장에서는 드림 머신을 활용하여 실제로 영상을 만드는 방법과 팁에 대해 자세히 알아볼 것이다. 영상 제작의 기본 원리부터 고급 기능 활용까지, 드림 머신의 모든 것을 파헤쳐 보자. 당신도 AI 크리에이터가 될 수 있다. 지금 바로 드림 머신과 함께 영상 제작의 세계로 뛰어들어 보자.

4. 동영상 제작 마스터하기

가. 프롬프트 작성의 기술

루마 드림 머신에서 고품질의 동영상을 생성하기 위해서는 효과적인 프롬프트 작성이 필수적이다. 프롬프트는 AI에게 어떤 동영상을 만들어야 하는지 지시하는 텍스트이기 때문이다.

좋은 프롬프트를 작성하기 위한 팁은 다음과 같다.

가) 구체적으로 묘사하기: 원하는 장면, 등장인물, 분위기 등을 자세히 설명한다. 추상적인 표현보다는 구체적인 묘사가 더 효과적이다.

나) 감정 표현 포함하기: 동영상에 담길 감정을 프롬프트에 포함시킨다. 예를 들어 "행복한", "슬픈", "긴장감 넘치는" 등의 감정 형용사를 활용한다.

다) 스타일 지정하기: 원하는 동영상 스타일을 명시한다. "애니메이션 풍의", "실사 같은", "뮤직비디오 스타일의" 등 구체적인 스타일을 지정하는 것이 도움된다.

라) 길이 조절하기: 프롬프트는 너무 길지 않게 작성한다. 키워드 위주로 간결하게 표현하는 것이 좋다. 다만 너무 짧아서 부족한 것 보다는 약간 길더라도 필요한 정보를 포함하는 것이 낫다.

나. 이미지 활용 팁

드림 머신은 이미지를 활용하여 동영상을 생성할 수 있다. 원하는 이미지를 업로드한 후 프롬프트를 입력하면 해당 이미지를 기반으로 한 동영상이 만들어진다.

이미지를 활용할 때는 다음 사항을 주의해야 한다:

가) 고화질 이미지 사용하기: 가능한 고해상도 이미지를 업로드한다. 저화질 이미지를 사용하면 동영상의 품질도 떨어질 수 있다.

나) 저작권 확인하기: 타인의 이미지를 무단으로 사용하면 저작권 문제가 발생할 수 있다. 반드시 이미지의 저작권을 확인하고 상업적 이용 가능 여부를 체크해야 한다.

다) 인물 사진 주의하기: 인물 사진을 사용할 때는 초상권 문제에 유의해야 한다. 당사자의 동의 없이 함부로 사용하면 안 된다.

고품질 영상 생성 노하우

드림 머신으로 높은 품질의 동영상을 제작하기 위한 노하우는 다음과 같다:

가) 프롬프트 정교화하기: 앞서 언급한 프롬프트 작성 팁을 활용하여 정교한 프롬프트를 준비한다. 필요하다면 ChatGPT 등의 AI 도구를 활용하여 프롬프트 작성을 보조할 수 있다.

나) 동영상 길이 고려하기: 드림 머신의 무료 버전은 최대 5초 길이의 동영상을 생성한다. 따라서 5초 내에 담고 싶은 내용을 효과적으로 전달할 수 있도록 기획해야 한다.

다) Enhance Prompt 옵션 끄기: 프롬프트 입력 시 'Enhance Prompt' 옵션이 제공되지만, 이는 때로 의도치 않은 결과를 초래할 수 있다. 따라서 해당 옵션을 꺼두는 것이 좋다.

라) 여러 번 시도하기: 같은 프롬프트로도 생성 시마다 결과물이 달라질 수 있다. 만족스러운 결과물을 얻을 때까지 여러 번 시도해 보는 것이 좋다.

이상의 팁을 활용하면 루마 드림 머신으로 보다 높은 수준의 동영상을 제작할 수 있을 것이다. 동영상 제작에는 정답이 없으므로 다양한 시도를 통해 자신만의 노하우를 쌓아가는 것이 중요하다.

다. 루마 드림 머신으로 영상 생성하기

텍스트로 영상 만들기 예시

[그림 101] 텍스트로 생성한 영상 캡쳐화면

가) 프롬프트 :

A surfer riding a large wave in a vibrant blue ocean. The surfer skillfully maneuvers the surfboard, cutting through the powerful waves. The scene is set on a sunny day, with clear skies and the ocean sparkling under the bright sunlight. The camera captures the surfer's movement in dynamic motion, emphasizing the energy and excitement of the scene. Wide angle shot with a cinematic style, highlighting the vastness of the ocean and the thrill of surfing.

나) 영상링크 : https://bit.ly/루마AI그림4

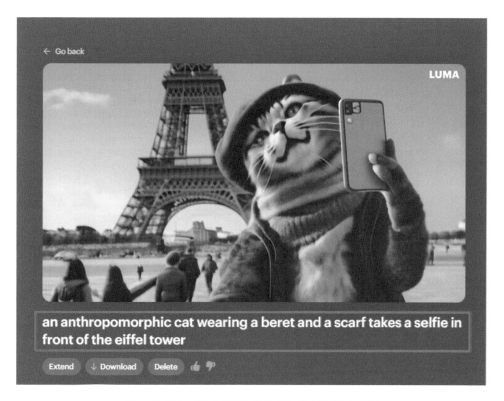

[그림 102] 텍스트로 생성한 영상 캡쳐화면

다) 프롬프트 : an anthropomorphic cat wearing a beret and a scarf takes a selfie in front of the eiffel tower

라) 영상링크 : https://bit.ly/루마AI그림5

이미지로 영상 만들기

가) 1개의 이미지로 영상 만들기

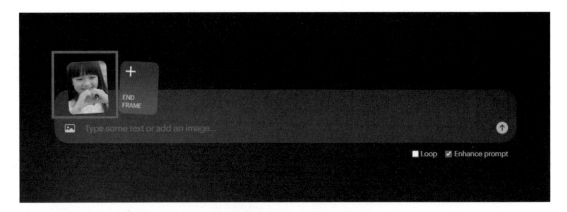

[그림 103] 이미지 1개를 업로드하여 영상을 생성하는 화면

[그림 104] 1개의 이미지로 생성한 영상 캡쳐장면
영상링크 : https://bit.ly/루마AI그림7

나) 2개의 이미지로 영상 만들기

[그림 105] 이미지 2개를 업로드하여 영상을 생성하는 화면

[그림 106] 2개의 이미지로 생성한 영상 캡쳐장면
영상링크 : https://bit.ly/루마AI그림8

5. 활용 사례

　드림 머신은 다양한 분야에서 활용될 수 있는 강력한 동영상 생성 도구이다. 이번 장에서는 드림 머신을 활용하여 뮤직비디오, 애니메이션, 영화 예고편 스타일의 영상을 제작하는 방법에 대해 알아보겠다.

가. 뮤직비디오 제작

　드림 머신을 활용하면 뮤직비디오 제작 과정을 크게 단순화할 수 있다. 기존에는 뮤직비디오를 만들기 위해 많은 인력과 장비, 시간이 필요했지만, 이제는 드림 머신 하나로 고품질의 뮤직비디오를 제작할 수 있게 되었다.

　뮤직비디오 제작 과정은 다음과 같다:

　　가) 원하는 콘셉트에 맞는 이미지를 준비한다.

　　나) 드림 머신에 이미지를 업로드하고, 노래의 분위기와 가사에 맞는 프롬프트를 입력한다.

　　다) 생성된 영상을 확인하고, 필요에 따라 프롬프트를 수정하여 재생성한다.

　　라) 완성된 영상에 음악을 삽입하고 편집하여 뮤직비디오를 완성한다.

[그림 107] 뮤직비디오 제작을 위해 생성한 영상의 한 장면 예시

영상링크 : https://bit.ly/루마AI그림10

이처럼 드림 머신을 사용하면 누구나 손쉽게 뮤직비디오를 제작할 수 있다. 특히 신인 아티스트나 인디 뮤지션에게 드림 머신은 매력적인 도구가 될 것이다.

나. 애니메이션 만들기

드림 머신은 애니메이션 제작에도 활용될 수 있다. 전통적인 애니메이션 제작 방식은 수많은 드로잉 작업과 컬러링 작업이 필요하지만, 드림 머신을 사용하면 이러한 과정을 대폭 줄일 수 있다.

애니메이션 제작 과정은 다음과 같다:

가) 애니메이션의 스토리보드를 작성한다.

나) 각 장면에 필요한 이미지를 드림 머신을 활용하여 생성한다. 이때 프롬프트에 "애니메이션 스타일"이라는 키워드를 포함시킨다.

다) 생성된 이미지를 확인하고, 필요에 따라 수정하여 재생성한다.

라) 완성된 이미지를 애니메이션 툴에 불러와 움직임을 추가하고 편집하여 애니메이션을 완성한다.

드림 머신을 활용하면 애니메이션 제작에 필요한 시간과 비용을 크게 절감할 수 있다. 또한 다양한 스타일의 애니메이션을 제작할 수 있어 창의력 발휘에도 도움이 된다.

다. 영화 예고편 스타일 영상 만들기

드림 머신은 영화 예고편과 같은 짧은 영상 제작에도 효과적이다. 실제 영화 예고편을 만들기 위해서는 많은 제작비와 시간이 필요하지만, 드림 머신을 활용하면 저비용으로 빠르게 영화 예고편 스타일의 영상을 만들 수 있다.

영화 예고편 스타일 영상 제작 과정은 다음과 같다:

가) 영화의 주요 장면이나 콘셉트 이미지를 선정한다.

나) 드림 머신에 이미지를 업로드하고, 영화의 분위기와 내용을 담은 프롬프트를 입력한다.

다) 생성된 영상을 확인하고, 필요에 따라 프롬프트를 수정하여 재생성한다.

라) 완성된 영상에 영화 제목, 배우 정보, 개봉일 등의 텍스트를 추가하고 편집하여 영화 예고편을 완성한다.

마) 드림 머신으로 제작한 영화 예고편 스타일의 영상은 영화에 대한 관심을 환기시키고 홍보하는 데 효과적으로 활용될 수 있다.

[그림 108] 영화예고편 제작을 위해 생성한 영상의 한 장면 예시
영상링크 : https://bit.ly/루마AI그림11

이처럼 드림 머신은 뮤직비디오, 애니메이션, 영화 예고편 등 다양한 분야에서 활용될 수 있는 강력한 도구이다. 앞으로 더 많은 크리에이터들이 드림 머신을 활용하여 창의적인 영상을 제작하게 될 것으로 기대된다.

6. 경쟁 제품과의 비교

드림 머신은 동영상 생성 AI 시장에서 강력한 경쟁자로 자리매김하고 있다. 이번 장에서는 드림 머신과 주요 경쟁 제품인 Runway, Pika를 비교하고, 각 제품의 장단점을 살펴보겠다. 이를 통해 사용자의 니즈에 맞는 동영상 생성 AI를 선택하는 데 도움이 되는 가이드를 제시하고자 한다.

가. Runway와 Pika 대비 장단점

Runway
Runway는 드림 머신과 함께 고품질 동영상 생성 AI 시장을 선도하고 있는 제품이다. Runway의 장단점은 다음과 같다.

가) 장점:

빠른 동영상 생성 속도

동적인 장면 전환에 강점

대규모 프로젝트에 적합한 무제한 플랜 제공

나) 단점:

드림 머신에 비해 높은 가격

복잡한 프롬프트에 대한 생성 품질 불안정

특정 프롬프트 생성 제한

Pika

Pika는 드림 머신, Runway에 비해 저렴한 가격으로 동영상 생성 서비스를 제공하는 제품이다. Pika의 장
단점은 다음과 같다.

가) 장점:

사용하기 쉬운 인터페이스

다양한 동영상 스타일 선택 가능

실시간 협업 기능 지원

나) 단점:

제한된 동영상 길이와 품질

개발 중인 서비스로 기능 제한적

AI 크리에이티비티 제어 한계

제 목	Dream Machine	Runway	Pika
개발사	Luma AI	Runway	Pika
무료 이용	가능 (월 30회)	가능 (약 3분 분량)	가능 (5개 프로젝트)
무료 플랜 제약사항	워터마크 삭제 불가	영상 길이 제한, 워터마크 삽입	프로젝트 수 제한
특징	큰 움직임이 있는 영상 제작에 강점, 영상의 움직임이 부드러움	음성 데이터 활용 가능, 무료 플랜에서도 상업적 이용 가능	동영상 부분 편집 가능, 동영상 생성 재시도 가능
상업적 이용	유료 플랜에서만 가능	무료 플랜에서도 가능	유료 플랜 필요
한국어 지원	가능하지만 정확도 떨어짐	불가능	불가능
적합한 동영상 유형	영화 예고편, 프로모션 동영상 등	사운드트랙 등 음성 중심의 동영상	3D 애니메이션, 게임용 이미지

[표18] 플랫폼 비교표

나. 선택 가이드

동영상 생성 AI 선택 시 고려해야 할 주요 요소는 생성 품질, 가격, 사용 편의성이다. 각 제품별로 이 요소들의 장단점이 있으므로, 사용자의 니즈에 따라 적합한 제품을 선택하는 것이 중요하다.

가) 최고 품질의 동영상을 원할 경우 → 드림 머신, Runway 추천

나) 빠른 생성 속도와 대규모 프로젝트가 필요할 경우 → Runway 추천

다) 가성비를 중시할 경우 → Pika 추천

라) 무료로 사용하고 싶을 경우 → 드림 머신(월 30회 무료 생성)

　, Pika(기본 기능 무료)

동영상 생성 AI 간 비교를 통해 드림 머신은 생성 품질 측면에서 Runway와 함께 선두권에 있으며, 무료 사용 측면에서는 Pika와 경쟁력이 있음을 알 수 있다.

사용자는 자신의 니즈와 예산을 고려하여 드림 머신, Runway, Pika 중 최적의 제품을 선택할 수 있을 것이다. 각 제품의 장단점을 이해하고, 필요에 맞게 활용한다면 동영상 생성 AI가 창의력 발현의 도구로서 큰 역할을 할 수 있을 것이다.

7. 주의사항 및 FAQ

드림 머신을 사용할 때는 몇 가지 주의사항을 알아두는 것이 좋다. 특히 상업적 이용을 할 때는 저작권이나 초상권 문제에 유의해야 한다. 이번 장에서는 상업적 이용 시 유의점과 자주 묻는 질문에 대해 알아보겠다.

가. 상업적 이용 시 유의점

가) 드림 머신에서 생성한 동영상을 상업적으로 이용하려면 반드시 유료 플랜에 가입해야 한다.
- 무료 플랜에서는 상업적 이용이 불가능하다.

나) 상업적 이용 시에는 다음 사항에 주의해야 한다:

저작권 확인: 업로드한 이미지의 저작권을 확인하고, 상업적 이용 가능 여부를 체크해야 한다.
- 타인의 이미지를 무단으로 사용하면 저작권 문제가 발생할 수 있다.

다) 초상권 주의: 인물 사진을 업로드할 때는 초상권 문제에 유의해야 한다.
- 당사자의 동의 없이 함부로 사용하면 안 된다.

라) 생성 영상 내용 확인: 생성된 동영상의 내용이 법적, 윤리적으로 문제가 없는지 확인해야 한다. 폭력적이거나 선정적인 내용, 특정 집단을 비하하는 내용 등은 피해야 한다.

마) 서비스 약관 준수: 드림 머신의 서비스 약관을 꼼꼼히 읽어보고 이를 준수해야 한다. 약관 위반 시 계정이 정지되거나 법적 책임을 질 수 있다.
- 상업적 이용에 앞서 이러한 사항들을 주의 깊게 살펴보고, 필요하다면 전문가의 자문을 구하는 것이 좋다.

나. 자주 묻는 질문과 답변

Q1. 업로드 가능한 이미지 파일 형식은 무엇인가요?

A1. JPG, JPEG, PNG 형식의 이미지 파일을 업로드할 수 있다
- 이 세 가지 이외의 파일 형식은 지원하지 않는다.

Q2. Enhance Prompt 옵션은 어떤 기능인가요?

A2. Enhance Prompt는 입력한 프롬프트의 내용을 보완해주는 기능이다
- 그러나 프롬프트에 따라서는 생성 결과에 부정적인 영향을 줄 수 있으므로, 기본적으로는 해제해두는 것이 좋다.

Q3. 동영상 생성에 얼마나 시간이 걸리나요?

A3. 무료 플랜의 경우 프롬프트 입력 후 동영상 생성까지 5~10분 정도 소요된다

- 유료 플랜은 프롬프트 입력 후 바로 생성이 시작된다. 다만 서버 상황에 따라 소요 시간은 달라질 수 있다.

Q4. 생성된 동영상을 삭제할 수 있나요?

A4. 현재는 생성된 동영상을 삭제할 수 없다

- 향후 삭제 기능이 추가될 가능성은 있지만, 현 시점에서는 동영상 삭제가 불가능하다.

Q5. 한 번에 생성할 수 있는 동영상 길이는 어느 정도인가요?

A5. 드림 머신에서는 최대 5초 길이의 동영상을 생성할 수 있다

- 120프레임까지 지원하며, 시간으로 환산하면 약 5초 정도이다.

이상으로 드림 머신 사용 시 주의사항과 자주 묻는 질문에 대해 알아보았다. 추가로 궁금한 점이 있다면 드림 머신 공식 사이트의 FAQ를 참고하거나 고객센터에 문의하면 된다.

8. 미래 전망

가. AI 동영상 제작의 발전 방향

AI 동영상 제작 기술은 빠르게 발전하고 있다. 현재의 기술로도 실사에 가까운 고품질 동영상을 생성할 수 있지만, 앞으로는 더욱 정교하고 다양한 영상 제작이 가능해질 전망이다.

AI 동영상 제작의 발전 방향은 다음과 같다.

가) 장편 영상 제작 지원: 현재는 대부분 짧은 길이의 동영상 생성에 초점이 맞춰져 있다. 하지만 AI 기술이 고도화되면 장편 영화 수준의 긴 동영상도 제작할 수 있게 될 것이다.

나) 실시간 영상 생성: 현재는 영상 생성에 일정 시간이 소요된다. 그러나 향후에는 실시간으로 고품질 영상을 만들어낼 수 있게 될 전망이다. 이는 게임이나 메타버스 등 실시간 상호작용이 필요한 분야에서 특히 유용할 것이다.

다) 맞춤형 콘텐츠 제작: AI는 개인의 취향과 특성을 분석해 맞춤형 영상을 제작할 수 있다. 이는 교육, 마케

팅 등 다양한 분야에서 활용될 수 있다.

라) 창작 도구로서의 발전: AI는 창작자들의 도구로 자리잡을 것이다. 전문 제작 인력이 AI를 활용해 아이디어를 시각화하고 제작 과정을 효율화할 수 있다.

마) 새로운 예술 장르의 등장: AI 영상은 실사 영화와는 또 다른 새로운 예술 장르로 발전할 것이다. AI 특유의 독창적인 영상미학을 바탕으로 새로운 영상 예술이 탄생할 전망이다.

AI 영상 제작 기술의 발전은 영상 산업에 큰 변화를 가져올 것이다. 제작 과정의 효율화, 새로운 표현 방식의 등장 등 긍정적인 변화가 예상된다. 다만 기술 발전에 따른 윤리적, 법적 쟁점에 대한 사회적 논의도 필요할 것으로 보인다.

나. 루마 드림 머신의 잠재력

루마 드림 머신은 AI 동영상 제작 분야를 선도하는 혁신적인 도구이다. 드림 머신의 잠재력은 매우 크며, 다음과 같은 측면에서 주목할 만하다.

가) 높은 품질과 사실성: 드림 머신은 부드러운 움직임과 디테일한 묘사가 가능해 마치 실제 촬영한 영상 같은 사실적인 결과물을 만들어낸다. 이는 영화나 광고 등 고품질 영상이 필요한 분야에서 활용도가 높을 것으로 예상된다.

나) 빠른 영상 생성: 드림 머신은 단 몇 분 만에 고품질 동영상을 생성한다. 이는 영상 제작에 소요되는 시간과 비용을 크게 절감시킨다. 향후 드림 머신의 속도는 더욱 개선될 것으로 보인다.

다) 창의력 발현의 도구: 드림 머신은 누구나 쉽게 창의적인 영상을 만들 수 있게 해준다. 이는 영상 제작의 진입 장벽을 낮추고, 다양한 사람들의 아이디어가 시각화될 수 있는 기회를 제공한다.

라) 새로운 예술 장르 개척: 드림 머신으로 만든 영상은 실사 영화와는 또 다른 독특한 미학을 지닌다. 이는 새로운 예술 장르로 발전할 가능성이 있다. 드림 머신은 창작자들에게 새로운 영감을 불어넣을 것이다.

마) 타 분야와의 융합: 드림 머신은 게임, 메타버스, 교육 등 다양한 분야와 결합하여 시너지 효과를 낼 수 있다. 특히 실시간 인터랙션이 가능해지면 그 활용 범위는 더욱 확대될 것이다.

바) 루마 드림 머신은 이제 막 시작 단계에 있다. 향후 지속적인 기술 개발과 사용자 피드백을 통해 더욱 발전해 나갈 것으로 기대된다. 드림 머신이 열어갈 새로운 영상 창작의 세계가 기대된다.

사) AI 동영상 제작은 이제 막 시작된 분야이다. 기술의 발전 속도를 고려할 때 근미래에는 지금과는 비교할 수 없는 수준의 영상 제작이 가능해질 것이다. 루마 드림 머신은 그 변화의 중심에 서 있다. 창작자들은 드림 머신을 창의력 발현의 도구로 삼아 새로운 영상 예술을 탄생시킬 수 있을 것이다. 다가올 AI 영상 제작의 시대가 기대된다.

9. Epilogue

루마 AI의 드림 머신은 인공지능 기술을 활용하여 누구나 쉽게 고품질의 동영상을 제작할 수 있게 해주는 혁신적인 도구이다. 구글 계정만으로 간편하게 가입할 수 있고, 직관적인 인터페이스로 누구나 쉽게 사용할 수 있다는 점에서 영상 제작의 진입 장벽을 크게 낮추었다.

특히 드림 머신이 만들어내는 동영상은 부드러운 움직임과 높은 해상도를 자랑하며, 실제 촬영한 영상과 구분하기 어려울 정도로 사실적이다. 뮤직비디오, 애니메이션, 영화 예고편 등 다양한 분야에서 활용될 수 있어 크리에이터들에게 무한한 가능성을 제공한다.

나는 어릴 적부터 영화를 만드는 것이 꿈이었다. 하지만 전문적인 장비와 기술, 인력이 부족해 쉽게 도전하지 못했다. 그런데 드림 머신을 접하고 나의 꿈에 한 발짝 다가설 수 있게 되었다. 이제는 누구나 자신의 상상력을 영상으로 구현할 수 있는 시대가 되었다.

물론 드림 머신이 모든 것을 해결해 주는 것은 아니다. 저작권이나 초상권 문제에 유의해야 하고, 상업적 이용을 위해서는 유료 플랜에 가입해야 한다. 하지만 이러한 한계에도 불구하고 드림 머신은 분명 영상 제작의 패러다임을 바꿀 혁신적인 도구임에 틀림없다.

앞으로 드림 머신과 같은 AI 기술은 더욱 발전할 것이다. 우리는 이제 AI와 함께 창작의 새로운 지평을 열어가고 있다. 제임스 카메론 감독은 이렇게 말했다. "큰 꿈을 꾸고, 위험을 감수하며, 실패를 두려워하지 마라." 드림 머신을 통해 우리 모두가 꿈꾸는 영상 제작자가 될 수 있기를 희망한다.

"당신의 상상력은 당신의 미리보기입니다. 당신이 앞으로 살게 될 삶에 대한 미리보기 말입니다."

- 알버트 아인슈타인

IX.

LTX Studio 튜토리얼(Tutorial)

저자 정진일

1. Prologue

영화는 시대를 초월하여 사람들에게 감동과 영감을 주는 매체이다. 하지만 그동안 영화 제작은 많은 시간과 비용, 그리고 전문적인 기술이 요구되어, 소수의 전문가들만이 접근할 수 있는 영역으로 여겨져 왔다. 특히 독립 영화 제작자나 창작의 꿈을 가진 이들에게는 영화 제작의 장벽이 높게만 느껴졌다. 그러나 기술의 발전과 함께 영화 제작의 패러다임이 급격히 변화하고 있으며, 이제 누구나 자신의 스토리를 영상으로 구현할 수 있는 시대가 도래하고 있다. 이러한 변화의 중심에는 AI 기술을 이용해 영화 제작을 더욱 쉽고 효율적으로 만들어주는 'LTX Studio'가 있다.

LTX Studio는 AI와 영화 제작을 결합한 혁신적인 플랫폼으로, 텍스트 프롬프트 하나로 모든 영화 제작 과정을 자동화하는 도구이다. 이 플랫폼을 사용하면 누구나 스토리를 입력하고, AI가 이를 기반으로 시각적인 장면을 구성하며, 캐릭터를 설정하고, 편집까지 자동으로 완료할 수 있다. 영화 제작에 대한 전문적인 지식이 없어도, 영화의 주제나 감정을 간단히 설명하기만 하면 AI가 창작자의 아이디어를 고품질의 비디오 콘텐츠로 실현한다. 이는 영화 제작의 문턱을 낮추고, 더 많은 창작자들이 자신의 비전을 영상으로 표현할 수 있는 기회를 제공한다.

이 교재는 초보자부터 전문가까지 모든 창작자들이 LTX Studio를 통해 영화 제작을 쉽게 시작할 수 있도록 돕기 위해 만들어졌다. 각 장에서는 LTX Studio의 주요 기능과 사용 방법, 그리고 단계별 영화 제작 과정을 체계적으로 설명하고 있다. 텍스트 프롬프트 입력에서부터 최종 비디오 출력까지의 모든 과정을 순서대로 안내하며, 창작자들이 창의적인 작업에 집중할 수 있도록 돕는다. 또한, AI 기술을 이용한 스토리텔링, 프레임 제어, 자동 편집, 캐릭터 커스터마이징 등의 기능을 어떻게 활용할 수 있는지 구체적인 사례와 함께 소개하고 있다.

AI 기반의 영화 제작 도구인 LTX Studio는 영화 제작의 전 과정을 간소화함으로써 창작자들에게 새로운 가능성을 열어주고 있다. 이제 더 이상 영화 제작은 몇몇 사람들의 전유물이 아니라, 창의적인 아이디어를 가진 누구나 도전할 수 있는 분야가 되었다. 이 교재를 통해 독자들은 AI가 제공하는 창작 도구를 최대한 활용하여, 자신만의 독특한 스토리를 영화로 표현하는 방법을 배울 수 있을 것이다.

물론, AI 기반 영화 제작에는 몇 가지 한계가 존재할 수 있다. AI가 제공하는 자동화된 과정은 창작자의 세밀한 의도와 다를 수 있으며, 모든 창의적인 결정이 AI에 의해 대체될 수는 없다. 그러나 LTX Studio는 창작자의 비전을 더욱 구체적이고 효율적으로 실현할 수 있도록 돕는 도구로, 창작자가 직접 모든 과정을 제어하면서도 AI의 도움을 받아 복잡한 작업을 자동화할 수 있게 한다. 이 플랫폼은 단순한 편리함을 넘어 창작자들이 더 창의적이고 혁신적인 작업에 집중할 수 있는 환경을 제공한다.

이 교재(도서)는 AI 기술과 영화 제작의 결합을 통해 새로운 영화 제작의 길을 열고자 하는 창작자들에게 유용한 가이드가 될 것이다. LTX Studio의 활용법을 익히고, 자신만의 독창적인 영상을 만들어 나가면서 영화 제작의 무한한 가능성을 경험해 보길 바란다. AI는 더 이상 단순히 도구에 머무르지 않고, 창작의 파트너로서 창의력을 극대화하는 데 중요한 역할을 하고 있다. LTX Studio와 함께라면, 창작 여정은 더욱 흥미롭고 풍성한 경험이 될 것이다.

이제, 영화 제작의 문을 열고 LTX Studio와 함께 자신만의 이야기를 세상에 선보일 준비를 하길 바란다. 이 교재가 창작 여정에 든든한 동반자가 되기를 기원한다.

2. 시작하기 : 회원 가입 및 사용자 계정 생성 ──

가. 회원 가입

LTX Studio 홈페이지(https://ltx.studio) 메인 화면에서 시작(Start for Free) 버튼을 클릭한다.

[그림 109] 시작(Start for Free) 버튼

나. 사용자 이메일 선택

회원 가입은 2가지 형식으로 제공된다. 구글 이메일로 회원 가입할 분들은 Sign in with Google 버튼을 클릭하고 그 외 이메일로 회원 가입할 분들은 Sign in with Email을 클릭한다.

[그림 110] 구글 이메일 또는 사용자 이메일 버튼 클릭

다. 사용자 이메일 입력

Sign in with Email을 선택한 분들은 이메일 입력창에 자신의 이메일 주소를 입력한 후 Send code 버튼을 클릭하면 등록한 이메일로 사용자 코드가 전송된다.

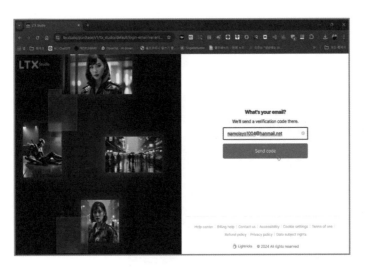

[그림 111] 사용자 이메일 입력 및 사용자 코드 발송

라. 사용자 코드 확인 및 로그인

등록한 이메일로 발송된 사용자 코드 확인 후 Login 버튼을 클릭한다. 이메일을 잘 못 입력했거나 이메일 시스템 서버 상황에 따라 사용자 이메일 바로 도착하지 않을 수 있다. 도착하지 않을 경우 새로 고침을 해주거나 다시 사용자 이메일을 확인한 후 재발송 한다.

[그림 112] 사용자 코드 확인 및 로그인

마. 사용자 코드 확인 및 로그인

이메일에 발송된 사용자 코드가 자동으로 입력되면 Continue 버튼을 클릭한다. 정상적으로 로그인이 되면 LTX Studio 대시보드에 접속된다.

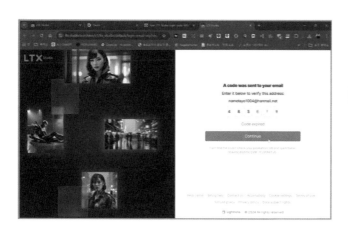

[그림 113] 사용자 코드 자동 입력 확인 및 로그인

3. 프로젝트 시작하기 ───────

가. [1단계] 스토리 아이디어 입력방법 선택하기

스토리 아이디어(기본 줄거리)를 입력하는 방법은 2가지가 제공된다.

1) 텍스트 프롬프트 입력: 로그인 후 제공된 텍스트 입력 상자에 자신의 스토리 아이디어, 플롯, 또는 전체 스크립트를 입력합니다. 이는 비디오 제작의 기초가 된다.
2) 명확한 아이디어 전달: 간단하고 명확한 문장으로 아이디어를 작성하여 AI가 올바르게 이해하고 변환할 수 있도록 한다.

초보자나 명확한 아이디어가 없는 사용자는 텍스트 프롬프트를 입력해서 작업하면 된다. 먼저 텍스트 프롬프트를 입력해서 아이디어를 전달한다. Write prompt 버튼을 클릭한다.

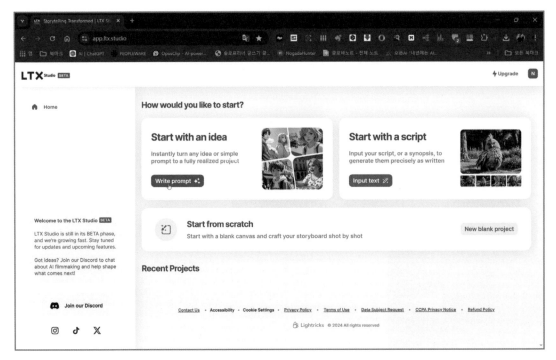

[그림 114] 프로젝트에 사용될 Write prompt 입력

나. [2단계] 스토리 아이디어 입력하기

아이디어 입력창에 스토리 아이디어를 간략하게 입력한다. 현재는 한글을 지원하지 않기 때문에 한글 아이디어를 영어로 번역해서 입력한다. "평범한 직장인이 갑자기 초능력을 얻게 되며 벌어지는 해프닝"에 대한 스토리 아이디어를 입력한 후 Next 버튼을 클릭한다.

<아이디어 예시>

"평범한 직장인이 갑자기 초능력을 얻게 되며 벌어지는 해프닝"

"A story about an ordinary office worker who suddenly gains superpowers and the events that unfold"

"주인공이 신비한 숲에서 마법 생물을 발견하는 이야기"

"A story about a protagonist discovering magical creatures in a mysterious forest"

"고대 왕국의 비밀을 파헤치기 위해 모험을 떠나는 탐험가의 이야기"

"A story about an explorer who sets out on an adventure to uncover the secrets of an ancient kingdom"

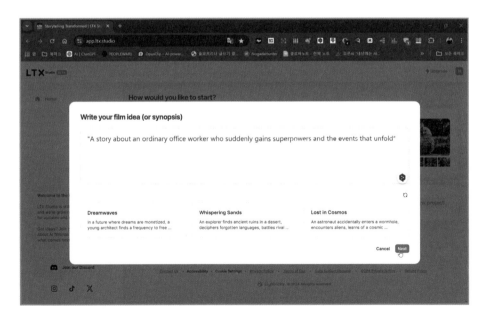

[그림 115] 스토리 아이디어(줄거리) 입력

다. [3단계] Project overview 작성하기

Project overview 창에서 Project name(프로젝트 이름), Aspect ratio(종횡비), Video style(비디오 스타일), style reference(스타일 참조), Reference strength(참조 강도), Cinematic inspiration(영화적 영감), Story overview(스토리 개요), 출연진(Cast)를 설정한다.

1) 비주얼 스타일 선택: 비디오의 전반적인 시각적 스타일(예: 레트로, 현대적, 만화 스타일 등)을 선택한다.
2) 종횡비 및 해상도 설정: 비디오의 화면 비율(예: 16:9, 4:3 등)과 해상도를 설정하여 최종 결과물이 어떤 형태로 보여질지 결정한다.
3) 캐릭터 선택 및 커스터마이징: AI가 생성한 캐릭터 중 원하는 캐릭터를 선택하거나, 외모와 스타일을 사용자 지정한다.

Aspect ratio(종횡비)는 16:9, Video style(비디오 스타일)은 Comic book을 선택한 후 Start 버튼을 클릭한다.

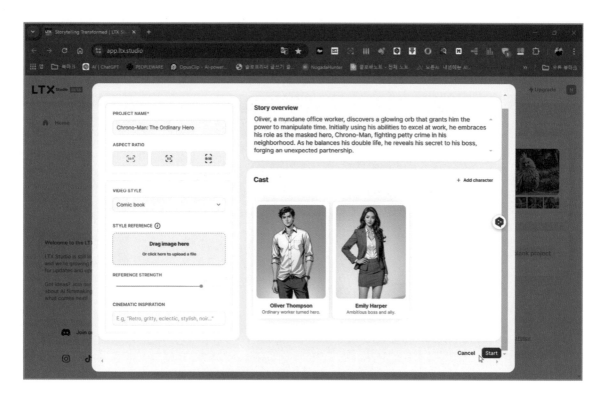

[그림 116] Project overview 작성

4. 프로젝트 결과물 만들기

가. [4단계] AI 스토리텔링을 사용하여 장면(Scene) 생성하기

입력된 스토리 아이디어를 바탕으로 Storyboard(스토리보드)가 자동으로 생성된다. AI가 영상 프로젝트에 맞는 Scene을 만들고, 각 Scene의 스토리에 맞는 세부 Shot을 자동으로 작성해 준다. 동일한 스토리 아이디어를 입력해도 프로젝트 Scene은 항상 다르게 나온다.

1) 자동 편집 도구 사용: 자동 편집 기능을 사용하여 SFX, 배경 음악, 음성 해설 등을 추가한다. 이는 단일 클릭으로 모든 후반 작업을 자동으로 처리할 수 있는 강력한 기능이다.
2) 최종 컷 미리보기: 자동 편집된 비디오의 최종 컷을 미리보고 필요한 수정사항을 반영한다.

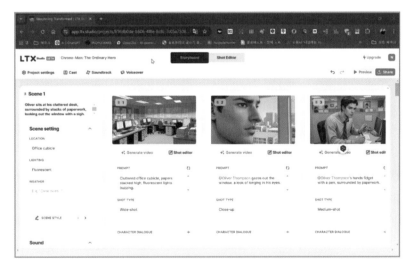

[그림 117] Storyboard 생성 및 값 설정

각 Scene은 사용자가 상황에 맞게 편리하게 설정값을 세팅할 수 있고, 각 Scene을 구성하는 Shot도 마찬가지로 사용자가 값을 직접 설정해서 사용할 수 있다.

Scene setting(장면 설정): LOCATION(위치), LIGHTING(조명), WEATHER(날씨), SCENE STYLE(장면 스타일)

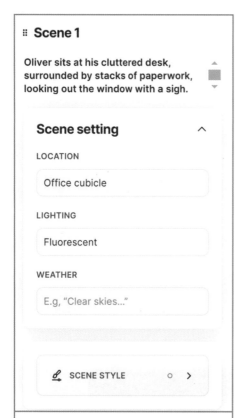

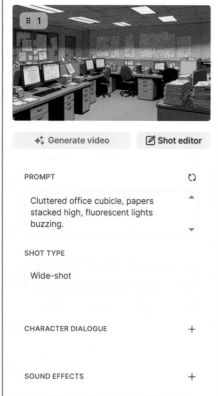

[그림 118] Scene setting(장면 설정)

Sound(소리): VOICEOVER(내레이션), SCENE SOUND(장면 사운드)

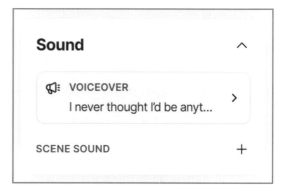

[그림 119] Sound(소리 설정)

Shot(샷): Generate video(비디오 생성), Shot editor(샷 에디터), PROMT(프롬프트), SHOT TYPE(샷 유형), CHARACTER DIALOGUE(캐릭터 대화), SOUND EFFECTS(음향 효과)

[그림 120] Shot(샷 설정)

상단의 Shot Editor(샷 에디터) 버튼을 클릭하면 큰 화면으로 각각의 Shot을 연결해서 설정할 수 있다.

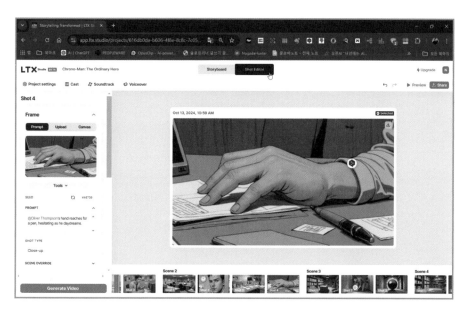

[그림 121] Shot Editor(샷 에디터) 작업

나. [5단계] Storyboard(스토리보드) 결과물 생성하기

Scene setting(장면 설정), Sound(소리 설정), Shot(샷 설정)이 끝나면 Storyboard(스토리보드) 우측 상단에 있는 Preview(미리보기) 버튼을 클릭한다.

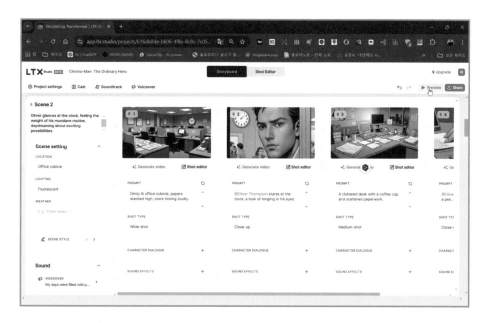

[그림 122] Storyboard(스토리보드) Preview(미리보기)

스토리 작업의 최종 결과물(동영상)을 확인할 수 있다. 결과물은 2가지(Static shots, Generate all) 스타일로 완성되고 사용자가 선택해서 결과물을 출력(저장)할 수 있다.

[그림 123] Storyboard(스토리보드) Preview(미리보기) 결과물

Static shot(정지 샷)은 각각의 이미지로 동영상을 생성하고, Generate all(모두 생성)은 각각의 Shot(샷) 모두를 동영상으로 생성한다. 예제는 총 31개의 Static shot(정지 샷)으로 구성된 것을 확인 할 수 있고, 미리보기 화면에 있는 Play 버튼을 클릭하면 스토리, 배경 음악, 내레이션이 들어간 최종 결과물 영상을 확인할 수 있다.

5. 프로젝트 최종 결과물 출력하기 ————

가. [6단계] Storyboard(스토리보드) 결과물 출력하기

Storyboard(스토리보드) Preview(미리보기)를 통해 최종 확인된 영상을 활용(공유)하기 위해서는 Editing

Package나 MP4 파일로 출력해야 한다. Storyboard(스토리보드) 우측 상단에 있는 Share(공유) 버튼을 클릭한다.

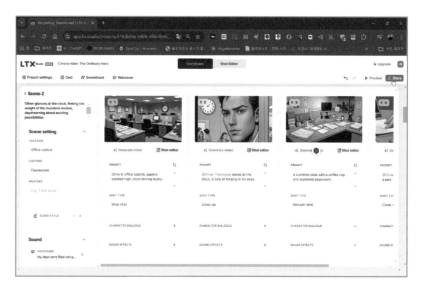

[그림 126] Storyboard(스토리보드) 최종 결과물 옵션 선택

공유는 프로젝트 공유와 파일 공유 2가지를 옵션으로 제공한다. 앞서 [5단계] 작업 과정에서 확인했듯이 결과물은 2가지(Static shots, Generate all) 스타일로 완성된다. Static shots(정지 샷)으로 MP4 파일을 출력할 사용자는 하단의 Video 버튼을 클릭하면 되고, 모든 샷을 동영상으로 작업해서 MP4 파일로 출력할 사용자는 Generate video 버튼을 클릭하신 후 Video 버튼을 클릭하면 된다.

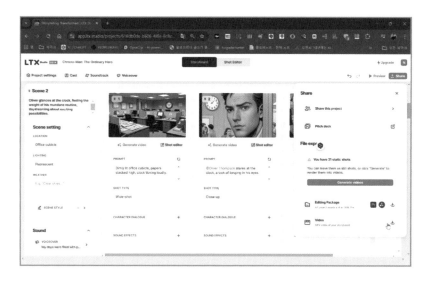

[그림 125] Storyboard(스토리보드) 최종 결과물 출력(저장)

1) 비디오 전체 검토: 생성된 비디오를 처음부터 끝까지 검토하며, 스토리 전달, 비주얼 스타일, 편집 효과 등이 원하는 대로 구현되었는지 확인한다.

2) 최종 조정 및 내보내기: 필요한 마지막 수정 후, 완료된 비디오를 내보내기 기능을 통해 원하는 형식으로 저장한다.

나. [7단계] 프로젝트 결과물(동영상) 분야별 활용사례

LTX Studio는 다양한 분야에서 창의적인 프로젝트를 구현하는 데 사용될 수 있다. 다음은 LTX Studio를 활용한 주요 사용 사례다.

1) 독립 영화 제작① LTX Studio는 독립 영화 제작자들이 제한된 예산과 자원으로도 고품질의 단편 영화나 뮤직 비디오를 제작할 수 있도록 지원한다.② AI를 통해 스토리보드를 쉽게 생성하고, 복잡한 후반 작업을 자동화하여 창작의 부담을 줄인다. 이는 독립 영화 제작자들이 창의적인 비전을 실현하는 데 도움을 주며, 보다 많은 사람들이 영화 제작에 도전할 수 있게 한다.

2) 마케팅 및 광고① 기업과 마케터들은 LTX Studio를 사용하여 브랜드 홍보 비디오와 광고를 신속하게 제작할 수 있다.② 일관된 브랜딩을 유지하면서도 AI의 자동 편집 기능을 활용해 제품이나 서비스에 대한 홍보 영상을 제작하는 데 걸리는 시간을 단축시킬 수 있다. 이는 마케팅 캠페인의 효율성을 높이고, 더 많은 콘텐츠를 빠르게 제작하는 데 유리하다.

3) 교육 콘텐츠 제작① 교육자들은 LTX Studio를 활용해 학생들에게 복잡한 개념을 설명하는 매력적인 교육 비디오를 제작할 수 있다.② AI는 간단한 텍스트 입력만으로 시각적 자료와 애니메이션을 생성하여 학습 효과를 극대화하는 콘텐츠를 만들어낸다. 이러한 비디오는 학습자들의 집중력을 높이고, 복잡한 개념을 더 쉽게 이해할 수 있도록 도와준다.

4) 신속한 프로토타이핑① 영화 제작자와 스튜디오들은 전체 제작에 들어가기 전에 스토리 개념을 신속하게 시각화하고 반복할 수 있다.② LTX Studio는 아이디어 단계에서부터 빠르게 시각적 프로토타입을 생성하여 팀원들과의 논의를 돕고, 필요시 수정 및 개선할 수 있도록 한다. 이를 통해 제작 과정에서 발생할 수 있는 리스크를 줄이고, 보다 효과적으로 프로젝트를 진행할 수 있다.

5) 소셜 미디어 콘텐츠 제작① 인플루언서와 소셜 미디어 매니저들은 정기적으로 고품질의 비디오 콘텐츠를 제작하여 팔로워들과 소통해야 한다.② LTX Studio는 짧은 시간 내에 소셜 미디어에 적합한 짧고 임팩트 있는 비디오를 제작할 수 있도록 하며, 각 플랫폼에 최적화된 형식으로 출력할 수 있게 돕는다. 이를 통해 소셜 미디어에서의 참여도를 높이고, 더 많은 팔로워를 끌어모을 수 있다.

6) 브랜드 및 이벤트 프로모션① LTX Studio는 이벤트 홍보나 브랜드 캠페인에 사용될 수 있는 비디오를 제작하는 데도 유용하다.② AI가 제공하는 시각적 스타일링 기능을 사용하여 브랜드의 아이덴티티에 맞는 독특한 비주얼을 구현하고, 이벤트의 분위기를 극대화하는 프로모션 비디오를 만들 수 있다. 이를 통해 브랜드의 가치를 효과적으로 전달하고, 소비자와의 접점을 강화할 수 있다.

7) 뮤직 비디오 제작① 음악가와 뮤직 비디오 감독들은 LTX Studio를 활용하여 창의적인 뮤직 비디오를 제작할 수 있다.② AI 기반의 프레임 제어와 스타일화 기능을 통해 음악의 분위기에 맞는 장면을 쉽게 구현하고, 제한된 예산으로도 효과적인 결과물을 만들어낼 수 있다. 이는 신진 아티스트들이 자신들의 음악을 홍보하는 데 큰 도움을 준다.

8) 제품 및 서비스 튜토리얼① 기업들은 제품이나 서비스의 사용법을 설명하는 튜토리얼 비디오를 LTX Studio를 통해 제작할 수 있다.② 복잡한 제품 설명서를 대신해 간단한 비디오 튜토리얼을 제공함으로써 고객 경험을 개선하고 이해도를 높일 수 있다. 이는 고객 지원의 부담을 줄이고, 제품에 대한 긍정적인 인식을 형성하는 데 기여한다.

6. Epilogue

LTX Studio와 같은 AI 기반 플랫폼이 영화 및 콘텐츠 제작 산업에 미치는 영향과 그 미래의 가능성은 점점 커지고 있다. 이러한 플랫폼들은 영화 제작의 접근성을 크게 확대하여 기존의 복잡한 제작 과정을 단순화하고, 창작자들에게 새로운 기회를 제공한다. AI 기술을 활용한 자동화와 창의적인 협업이 가능해짐에 따라, 창작자들은 더 적은 자원으로도 고품질의 결과물을 만들 수 있게 되었다. 또한, 이러한 플랫폼들은 영화 제작의 시간과 비용을 획기적으로 절감하며, 다양한 산업 분야에서의 활용 가능성을 보여주고 있다.

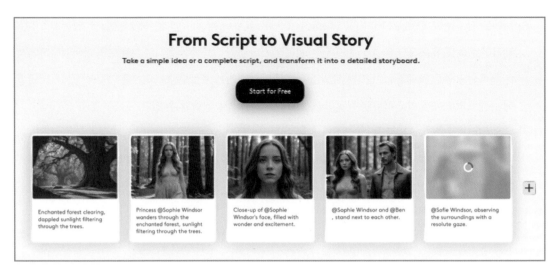

[그림 126] LTX Studio: From Script to Visual Story

　　LTX Studio는 기술의 발전에 따라 더욱 정교해질 것이며, 이를 통해 영화 제작의 각 단계를 더욱 효율적으로 처리할 수 있는 가능성을 제공한다. 특히, AI 기반 스토리텔링과 자동 편집 기능은 창작자들이 창의적인 아이디어를 구현하는 데 중요한 역할을 할 것이다. 이러한 발전은 영화뿐만 아니라, 광고, 교육, 게임 등 다양한 콘텐츠 산업에서도 창작 방식을 혁신하고, 더 많은 사람들이 쉽게 참여할 수 있는 환경을 조성할 것이다. 앞으로 AI와 인간의 협업이 점점 더 중요해질 것이며, 창작자들이 AI 도구를 사용하여 더욱 창의적인 방식으로 자신의 아이디어를 구현하는 미래를 기대할 수 있다.

[그림 126] LTX Studio: Customize Your Storyboard

　　LTX Studio가 제공하는 강력한 도구들을 통해 모든 창작자는 비디오 제작의 모든 과정을 손쉽게 접근하고, 자신의 비전을 현실로 실현할 수 있다. 이 플랫폼은 특히 시간과 자원이 제한된 창작자들에게 큰 도움이 되며, AI 기술을 적극 활용함으로써 더욱 창의적이고 효율적인 영화 제작을 가능하게 한다. 이를 통해 창작자들은 자신의 스토리를 더욱 강렬하고 효과적으로 전달할 수 있으며, 영화 산업 전반에 걸쳐 새로운 흐름을 만들어 갈 수 있다.

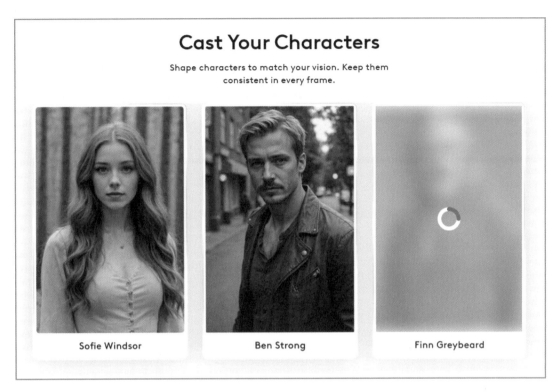

[그림 127] LTX Studio.png: Cast Your Characters

이 교재(도서)가 여러분의 손에 닿는 순간, 창작의 여정은 새로운 차원으로 확장될 것이다. LTX Studio가 제공하는 도구와 가능성은, 단순한 기술의 집합이 아니라 여러분의 상상력을 실현시키는 날개가 될 것이다. 이 교재를 통해 배우고, 실천하며, 창작의 한계를 넘어서는 즐거움을 누리시길 바란다. 이제 여러분은 AI를 통해 세상에 새로운 이야기를 전할 준비가 되었다. 여러분의 작품 하나하나가 창작의 경이로움을 증명하는 발걸음이 될 것이다. 함께 성장하고, 함께 감동을 만들어가길 기대한다.

X.

AI 영상 제작과 윤리

저자 이신우

1. Prologue

창작은 오랜 세월 동안 인간의 고유 영역으로 여겨졌다. 인간은 감정, 경험, 직관을 바탕으로 예술을 창조하고, 이야기를 만들고, 세상을 해석해왔다. 고대 예술가들의 손끝에서 그려진 그림, 작가들이 쓴 책, 영화감독이 만든 장면 하나하나가 인간의 감정과 상상력으로 빚어졌다. 하지만 오늘날 우리는 창작의 경계에서 새로운 동반자를 맞이하게 되었다. 인공지능, 즉 AI가 이제 단순히 도구를 넘어 창작의 동반자로 자리잡고 있다.

AI는 방대한 데이터를 학습하여 스스로 창작 과정을 모방하고, 때로는 인간과 함께 창의적인 작품을 만들어내기도 한다. 과거에는 상상조차 어려웠던 방식으로, AI는 텍스트 설명만으로도 장면을 구성하거나 음악을 작곡하고, 새로운 예술 작품을 만들어낼 수 있다. 이러한 변화는 인간과 AI가 함께 창작할 수 있는 시대를 열었으며, 창작의 패러다임에 새로운 지평을 열어주고 있다.

AI는 창작의 효율성을 크게 향상시켰다. 예를 들어, 광고나 영화에서 AI는 방대한 데이터를 분석하여 시청자의 선호에 맞춘 콘텐츠를 빠르게 제작할 수 있다. 이로 인해 대중은 이전보다 더 다양하고 맞춤화된 콘텐츠를 소비할 수 있게 되었다. AI는 또한 인간이 생각하지 못한 새로운 형태의 예술과 표현을 가능하게 한다. AI의 패턴 분석 능력은 새로운 스타일을 창조하거나 기존의 스타일을 혁신적으로 발전시키는 데 기여하며, 창작의 영역을 확장하고 있다.

그러나 이와 동시에 AI의 창작 참여는 여러 윤리적 질문을 불러일으킨다. AI가 창작물의 소유권을 가질 수 있는가? AI가 만든 콘텐츠는 인간의 창의성과 동등한 가치를 지닐 수 있는가? AI가 만든 콘텐츠가 진실과 허구의 경계를 모호하게 할 위험은 없는가? 이러한 질문은 기술 발선을 넘어서, 창작이 사회와 소통하는 방식과 가치에 대한 근본적인 질문으로 이어진다.

이 책은 독자에게 AI가 창작 과정에 깊이 관여하는 시대의 변화와 그 의미에 대해 생각해볼 기회를 제공하고자 한다. 지금 당신이 알고 있는 창작물, 그리고 AI가 만든 창작물에 대해 어떻게 느끼는가? AI가 창작에 기여하면서 우리 삶에 미치는 긍정적, 부정적 영향에 대해 어떤 생각을 가지고 있는가?

AI와 인간이 공존하며 새로운 창작의 가능성을 탐구하는 이 여정에서, 우리는 기술의 혜택을 누리면서도 인간적 가치를 잃지 않고 창작의 본질을 지켜갈 수 있을지 고민해야 한다. 앞으로 AI와 함께 열어갈 창작의 미래를 탐구하는 이 여정에서 당신은 어떤 결론을 내리게 될까?

2. 생성형 AI의 역할과 가능성

AI는 이제 단순한 도구를 넘어 영상 제작 과정에서 창의적인 파트너로 자리 잡고 있다. 텍스트 설명만으로 장면을 구성하거나 영상 편집의 여러 요소를 스스로 결정할 수 있는 AI 기술은 광고와 영화 등 다양한 미디어 제작에서 효율성과 창의성을 극대화하는 데 큰 기여를 하고 있다. 예를 들어, 광고에서는 AI가 고객 데이터에 맞춰 맞춤형 콘텐츠를 자동으로 생성할 수 있다. 특정 소비자가 선호하는 스타일이나 색상, 제품 특징을 반영하여 개별화된 광고 영상을 제작함으로써, 마케팅 효과를 높인다.

영화에서도 AI는 복잡한 편집 작업과 시각적 효과를 추가하거나, 음성 변환 작업을 자동화하여 제작 시간을 단축하고, 고품질의 결과물을 창출하는 데 큰 역할을 한다. AI는 다양한 영상 제작 과정을 최적화하여 창작자들이 보다 전략적이고 창의적인 결정에 집중할 수 있도록 돕는다.

AI가 창의적인 작업을 수행할 수 있게 하는 핵심 기술 중 하나는 GAN(Generative Adversarial Network)이다. GAN은 생성기와 판별기라는 두 개의 네트워크로 이루어진 구조로, 생성기는 새로운 콘텐츠를 만들어내고, 판별기는 그 콘텐츠가 실제와 얼마나 유사한지를 평가한다. 이 두 네트워크가 경쟁하며 서로의 성능을 높이는 과정에서 생성기는 점점 더 정교하고 사실적인 결과물을 만들어낸다. GAN의 이러한 경쟁적 학습 방식은 이미지와 영상 생성에 매우 적합하며, 사실적이고 자연스러운 콘텐츠를 만드는 데 강력한 도구가 된다.

트랜스포머(Transformer) 모델은 원래 언어 처리에 주로 사용되었으나, 최근에는 영상 생성과 편집에도 활용되고 있다. 트랜스포머는 입력 데이터 간의 패턴과 연관성을 학습하여 고차원적인 예측을 수행할 수 있다. 예를 들어, 트랜스포머는 시청자의 반응을 예측하거나, 장면 간 자연스러운 전환을 가능하게 만들어 콘텐츠의 흐름을 부드럽게 이어주는 역할을 한다. GAN과 트랜스포머는 AI가 단순히 기존 데이터를 모방하는 데 그치지 않고 창의적인 작업을 가능하게 하는 주요 기술적 동력이다.

AI는 창작 과정에 본격적으로 참여하면서 다양한 창작물과 그에 따른 영향을 만들어내고 있다. 예를 들어, 최근 몇몇 뮤직비디오에서는 AI가 자동으로 비주얼 요소를 편집하거나 새로운 효과를 추가해 독창적이고 참신한 결과물을 선보였다. 이러한 시도는 AI가 전통적인 영상 제작 방식을 넘어서 새로운 예술적 가능성을 열어줄 수 있음을 보여준다.

또한, 글로벌 기업들은 AI를 이용하여 개인 맞춤형 광고를 제작하고 있다. 특정 고객층을 타겟으로 한 광고 영상은 AI가 각 고객의 데이터와 성향을 분석하여 자동으로 생성되며, 이러한 맞춤형 광고는 기존의 광고보다 높은 마케팅 효과를 보인다. 영화 콘텐츠에서도 AI는 기존 장면을 편집하거나 새로운 장면을 추가하여 리마스터링과 같은 방식으로 콘텐츠의 품질을 높이는 데 활용되고 있다. AI는 창작의 경계를 확장하며, 다양한 산업에서 창의성과 효율성을 동시에 실현할 수 있는 중요한 도구로 자리잡고 있다.

AI가 창작한 콘텐츠는 이제 일상 속에서 쉽게 접할 수 있다. 소셜 미디어의 필터 적용 사진, 개인 맞춤형 광고, 음악 추천 서비스, AI가 제작한 영화 예고편이나 광고 영상까지 AI 창작물은 우리가 매일 접하는 다양한 형태의 미디어에서 확인할 수 있다. 앞으로 AI는 우리 일상에서 더욱 풍부하고 다양하게 활용될 것이며, 우리는 AI가 제공하는 창작물과 더 자주 마주하게 될 것이다.

이처럼 AI는 창작 과정에서 단순한 보조 역할을 넘어 창의적인 파트너로서 가능성을 넓혀가고 있다. AI가 만든 창작물은 우리의 일상에 스며들어 있으며, 앞으로 더욱 다양한 방식으로 우리와 함께할 것이다.

[그림 129] 출처 : 미드저니

3. AI 창의성과 인간 창의성의 경계

가. 창의성의 재정의

창의성은 오랜 시간 동안 인간만이 가진 고유한 특성으로 여겨져 왔다. 인간은 감정, 경험, 상상력을 바탕으로 새로운 아이디어를 만들어내며 예술과 과학, 문학 등 여러 분야에서 창작을 이루어왔다. 이러한 창의성은 직관과 감정적 연결에서 비롯되며, 인간의 깊이 있는 사고와 영감이 더해진다는 점에서 특별한 가치를 지닌다. 하지만, AI가 창작에 본격적으로 참여하기 시작하면서 창의성의 개념은 다시금 재정의될 필요성이 대두되었다.

AI는 방대한 데이터를 학습하여 새로운 결과물을 생성하는데, 이 과정은 인간의 창의성과는 다른 방식으로 이루어진다. AI는 감정적 영감을 통해 무언가를 만들어내기보다는, 수집한 데이터를 기반으로 패턴을 분석하고 이를 조합하여 콘텐츠를 만들어낸다. 예를 들어, AI는 특정 감독의 스타일을 학습하여 비슷한 영상 장면을 생성할 수 있지만, 이는 어디까지나 기존의 정보를 재구성한 결과이다. 이러한 특성 때문에 AI의 창의성은 인간의 창의성과는 다른 '재구성된 창의성'으로 여겨진다. AI는 창의적 영감과 감정의 결합보다는 효율적이고 정교한 패턴 분석에 중점을 둔다.

나. 인간과 AI의 협력 방식과 시너지

AI의 발전은 인간과 기계가 협력하여 창작하는 새로운 가능성을 열어주고 있다. 과거에는 창작의 전 과정이 인간의 손에 의해 이루어졌지만, AI는 이제 복잡하고 반복적인 작업을 자동화하여 인간이 보다 창의적이고 전략적인 결정에 집중할 수 있게 돕는다. 예를 들어, 영상 편집 과정에서 AI는 다양한 장면을 분석하고, 자동으로 최적의 클립을 선택하거나 스타일에 맞는 시각적 요소를 제안하여 작업 효율을 높일 수 있다.

이러한 협력은 창작자에게 매우 유용한 도구가 된다. AI는 대량의 데이터를 분석하여 새로운 아이디어를 제시함으로써 창작자가 빠르고 효율적으로 아이디어를 구체화할 수 있게 돕는다. 예를 들어, 영화 감독은 AI가 자동으로 생성한 다양한 영상 샷을 검토하여 최종 작품에 반영함으로써 완성도를 높일 수 있다. 이렇게 인간과 AI의 협력은 창작 과정의 질과 효율성을 동시에 향상시키며, 창작에 있어 새로운 패러다임을 제시한다.

또한, AI는 데이터 분석을 통해 창작자에게 새로운 영감을 제공할 수 있다. 예를 들어, AI는 대중의 선호도를 분석하여 특정 스타일이나 주제를 추천할 수 있으며, 창작자는 이를 바탕으로 새로운 작품의 방향을 설정할 수 있다. 이처럼 인간의 직관과 AI의 분석력은 조화를 이루어 창작의 새로운 가능성을 열어간다. AI는 빠른 분석을 통해 창작자의 결정을 보조하고, 창작자는 그 결과물에 감성과 직관을 더해 완성도를 높일 수 있다.

[그림 130] 출처 : 미드저니

다. 독자 생각하기

AI와 인간이 협력하는 창작 과정은 다양한 장단점을 지니고 있다. AI는 반복적인 작업을 빠르게 처리하며, 인간은 창작의 감정적 깊이와 직관적 판단을 더해 완성도 높은 작품을 만들어낼 수 있다. 그렇지만 AI가 주도하는 작업은 감정적 연결이 부족할 수 있으며, 창작자에게 있어 창의성의 주체가 점차 모호해질 위험도 있다.

이제 독자 여러분도 AI와 인간의 협력에서 느끼는 장단점을 생각해보자. AI와 인간이 협력할 때, 어떤 부분에서 시너지를 낼 수 있을까? 또, AI가 창작의 일부를 맡을 때 우리가 놓칠 수 있는 것은 무엇일까?

[그림 131] 출처 : 미드저니

4. 윤리적 딜레마와 법적 과제

가. 진위성 문제

AI가 만들어낸 콘텐츠는 사실과 허구의 경계를 모호하게 만들 수 있다. 생성형 AI는 실제로 존재하지 않는 인물의 얼굴을 만들어내거나, 특정 인물의 목소리를 재현하는 딥페이크(deepfake) 기술을 통해 사실처럼 보이는 영상을 빠르게 제작할 수 있다. 이러한 콘텐츠는 실제와 구별하기 어려울 정도로 정교하게 제작되기 때문에 대중은 이를 진짜로 오해할 수 있고, 이로 인해 진위성 문제가 발생한다. 이러한 문제는 가짜 뉴스나 허위 정보의 확산을 야기하여 사회적 혼란을 초래할 수 있으며, AI 기술이 신뢰와 투명성에 부정적인 영향을 미칠 수 있다.

나. 저작권과 창작 책임 문제

AI가 생성한 콘텐츠의 저작권 문제는 복잡하다. 전통적인 저작권법은 인간 창작자에게 보호를 제공하지만, AI가 독립적으로 창작한 콘텐츠에 대해서는 소유권을 누구에게 부여해야 할지 명확하지 않다. 예를 들어, AI가 학습한 데이터에 기존 창작자의 저작물이 포함될 수 있으며, 이를 바탕으로 생성된 새로운 콘텐츠는 저작권 문제를 야기할 가능성이 크다. 이러한 문제를 해결하기 위해서는 AI가 생성한 콘텐츠에 대한 법적 기준을 재정립하고, 창작의 주체로서 AI의 역할과 인간 창작자의 권리를 보호하는 방법에 대한 논의가 필요하다.

다. AI 오용 방지와 윤리적 책임

AI가 강력한 창작 도구로 자리 잡으면서 그 오용 가능성도 증가하고 있다. AI는 사실과 허구를 구분하지 못한 채 데이터를 학습하여 결과물을 생성하기 때문에, 악의적으로 사용될 경우 허위 정보를 유포하거나 부적절한 콘텐츠를 생성하는 도구로 전락할 수 있다. 예를 들어, 특정 인물의 명예를 훼손하거나 사회적 혼란을 일으킬 수 있는 영상이 생성될 위험이 있다. 따라서 AI의 윤리적 사용을 보장하기 위한 법적 기준과 규제가 마련되어야 한다. AI를 설계하고 운영하는 개발자와 사용자 모두에게 책임감을 부여하고, AI의 잠재적 피해를 예방하기 위한 법적 장치가 필수적이다.

라. 사례로 보는 윤리적 문제

AI가 생성한 콘텐츠는 사회적 영향을 미치며, 대중의 가치관과 사고방식에 영향을 줄 수 있다. 예를 들어, 특정 정치적 성향을 지지하거나 반대하는 가짜 뉴스가 AI에 의해 생성되어 유포될 경우, 여론을 왜곡하거나 사회적 갈등을 조장할 수 있다. 또한, AI가 정해진 미적 기준에 맞춰 창작물을 생산함에 따라 다양성이 줄어들고, 획일화된 미적 기준이 확산될 우려가 있다. AI 기술이 미치는 사회적 영향을 고려하여, 창작자는 AI를 사용할 때 그 결과물이 사회에 미칠 영향을 신중하게 판단해야 하며, 윤리적 책임감을 가져야 한다.

[그림 132] 출처 : 미드저니

5. 사회적 영향과 대중의 반응

가. AI가 미디어와 대중에 미치는 변화

AI 기술이 미디어 콘텐츠 제작에 활용되면서 대중의 콘텐츠 소비 방식이 크게 변화하고 있다. AI는 방대한 데이터를 분석해 시청자가 선호할 콘텐츠를 빠르게 제작할 수 있어, 광고, 영화, 뉴스 등 다양한 미디어 분야에서 효율적인 자동화가 이루어지고 있다. 이러한 변화 덕분에 대중은 더 풍부하고 다양하게 개인화된 콘텐츠를 손쉽게 접할 수 있게 되었으며, 창작자는 AI를 통해 새로운 창작의 기회를 얻고 있다.

그러나 AI 주도 콘텐츠 제작 방식에는 부작용도 있다. AI가 생성한 콘텐츠는 진위성이나 출처를 명확히 파악하기 어려운 경우가 많아, 가짜 뉴스와 허위 정보가 확산될 가능성을 높인다. 또한, AI 기술을 사용하는 대규모 미디어 기업들은 대중의 관심사를 분석하여 특정 방향으로 편향된 정보를 제공할 수 있어, 미디어의 공정성과 투명성이 저해될 위험이 있다.

나. 알고리즘이 결정하는 미적 기준과 창작의 획일화

AI는 대중의 선호도를 분석하여 특정 스타일, 색상, 구도 등의 미적 요소를 반영한 콘텐츠를 제작하는 능력이 있다. 그러나 AI 알고리즘이 반복적으로 동일한 스타일과 패턴을 생성하게 되면, 창작물의 획일화가 발생할 수 있다. 예를 들어, 특정 광고나 영상에서 반복되는 스타일과 색상이 지속적으로 적용된다면, AI가 설정한 미적 기준에 맞춘 '정형화된 아름다움'이 대중의 시선을 지배하게 된다.

이 과정에서 창작의 다양성은 점차 줄어들고, 새로운 표현 방식이나 참신한 아이디어는 감소할 가능성이 있다. AI가 대중의 즉각적이고 일관된 반응을 이끌어내는 것을 우선시하다 보니, 개별 창작자의 독창적인 표현은 상대적으로 억제될 수 있다. 이러한 현상은 AI가 미디어와 예술에서 정형화된 미적 기준을 확산시킴으로써 창작의 다양성을 저해할 수 있다는 우려를 낳고 있다.

다. AI 창작물에 대한 대중의 다양한 반응과 시선

대중은 AI가 만든 창작물에 대해 복합적인 반응을 보이고 있다. AI가 생성한 콘텐츠는 그 정교함과 효율성 면에서 긍정적인 평가를 받지만, 인간 창작자가 담아내는 감정과 직관이 부족하다는 지적도 있다. 많은 사람들은 AI 창작물이 기술적으로 완성도가 높을 수 있지만, 인간의 감성을 자극하는 '인간미'가 부족하다고 느낀다. 특히, 영화나 예술 작품에서는 감정의 깊이와 경험을 반영한 인간의 창작물이 더 깊은 공감을 불러일으킨다.

반면, 짧고 흥미로운 콘텐츠를 선호하는 소비자층은 AI가 빠르게 생성하는 콘텐츠를 긍정적으로 평가한다. 특히 소셜 미디어 플랫폼에서 반복적이고 짧은 영상을 선호하는 환경에서는 AI가 빠르게 만들어낸 콘텐츠가 대중의 요구에 잘 부합한다. 이와 같이 AI 창작물에 대한 대중의 반응은 긍정과 부정이 혼재되어 있으며, AI가 주도하는 창작에 대해 다양한 논의가 필요함을 시사한다.

독자와 함께하는 질문: AI 창작물에 대해 어떤 기준이 필요할까?

AI가 창작한 콘텐츠는 점차 우리의 일상 속에 더 깊이 자리 잡고 있다. 그렇다면 AI 창작물에 대해 어떤 기준이 필요할까? AI가 제작한 콘텐츠는 어떤 조건을 충족해야만 신뢰할 수 있는 정보로 받아들여질 수 있을까? 또, AI 창작물에서 인간의 감성과 개성을 유지하기 위해 창작자들은 무엇을 더할 수 있을까?

이 질문을 통해 독자도 AI 시대의 창작물에 대한 기준과 가치에 대해 고민해볼 수 있기를 바란다. AI와 인간이 함께 만들어가는 창작의 방향이, 기술의 발전만큼이나 우리의 가치관과 사회적 요구를 반영한 형태로 나아가길 기대해본다.

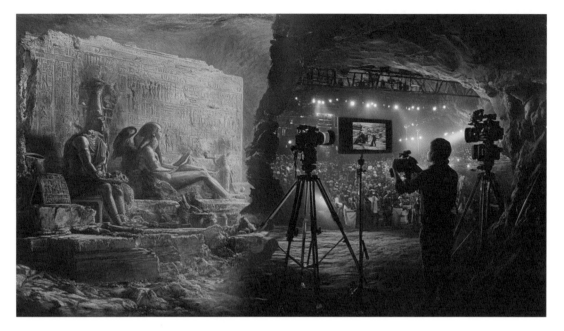

[그림 133] 출처 : 미드저니

6. 미래 창작을 위한 실용 가이드라인

가. AI 영상 제작 도구 간략 소개

AI 기술의 발전으로 다양한 영상 제작 도구들이 등장하여 창작자들이 보다 효율적이고 창의적으로 콘텐츠를 제작할 수 있게 되었다. 대표적인 도구로는 RunwayML, Synthesia, DeepBrain AI가 있다.

1) RunwayML
이 도구는 머신러닝 기반의 영상 편집 기능을 제공하여 사용자가 간단한 텍스트 명령만으로 영상을 생성하고 편집할 수 있게 돕는다. 직관적인 인터페이스 덕분에 비전문가도 쉽게 사용할 수 있으며, 다양한 영상 클립을 자동 생성할 수 있어 시간과 노력을 절약할 수 있다.

2) Synthesia

주로 교육과 마케팅 영상에 활용되는 이 도구는 텍스트 스크립트를 기반으로 AI 아바타가 사람처럼 영상을 제작한다. 배우나 촬영 없이도 고품질의 콘텐츠를 빠르게 제작할 수 있어, 언어 지원이 폭넓은 글로벌 콘텐츠 제작에 유용하다.

3) DeepBrain AI

이 도구는 자연스러운 표정과 음성을 통해 프레젠테이션 영상을 제작하는 데 특화되어 있다. 텍스트를 입력하면 AI가 이를 바탕으로 프레젠테이션을 진행하며, 교육이나 정보 전달 콘텐츠 제작에 특히 강점을 보인다.

이 외에도 Descript와 Pictory와 같은 도구들이 AI를 통해 텍스트 기반의 자동 편집과 콘텐츠 생성을 지원하며, 창작자들이 더욱 창의적인 작업에 집중할 수 있도록 돕는다.

나. 윤리적 기준과 책임감을 고려한 AI 활용법

AI 영상 제작 도구는 강력한 창작 도구이지만, 이를 사용할 때는 윤리적 기준과 책임감을 고려해야 한다. AI가 방대한 데이터를 기반으로 학습하여 새로운 콘텐츠를 만들어내기 때문에, 특히 저작권과 진위성 문제에 주의가 필요하다.

1) 저작권 준수

AI가 학습에 사용하는 데이터에는 저작권이 있는 자료가 포함될 가능성이 높다. 따라서 AI 도구를 사용할 때 저작권이 있는 자료를 무단으로 사용하지 않도록 주의해야 한다. 창작자는 AI가 생성한 콘텐츠가 저작권 침해 소지가 없는지 검토하고, 배포 시 법적 책임을 지는 자세가 필요하다.

- 신뢰성 유지: AI가 생성한 콘텐츠가 허위 정보를 포함하지 않도록 신중하게 확인해야 한다. AI는 진위성을 스스로 판단하지 못하기 때문에, 창작자는 AI가 생성한 영상이 정확하고 신뢰할 수 있는 정보를 포함하고 있는지 검증하는 과정이 필수적이다. 특히 딥페이크와 같은 기술을 사용할 때는 허위 정보나 악의적 목적으로 사용되지 않도록 필터링과 검증 절차를 강화해야 한다.

2) 사회적 책임을 반영한 콘텐츠 제작

AI를 사용할 때는 사회적, 문화적 영향도 고려해야 한다. 예를 들어, AI가 생성한 콘텐츠가 특정 사회적 그룹이나 문화적 가치에 부정적 영향을 미칠 수 있다면, 창작자는 그 결과물의 영향력을 신중하게 판단하고 필요시 수정하거나 보완해야 한다. 이는 AI 도구 제작자와 사용자 모두가 공유해야 할 책임이다.

3) 실용 팁

인간과 AI가 협력할 때 창의성을 살리는 방법

AI는 반복적이고 데이터 기반의 작업을 자동화하는 데 유용하지만, 창의성과 인간적 감성은 여전히 인간 창작자가 주도할 부분이다. 인간과 AI가 협력하여 창작할 때 창의성을 살리는 몇 가지 실용적인 팁은 다음과 같다.

가) AI의 제안을 창의적으로 변형

AI가 제안하는 스타일이나 구성을 그대로 사용하는 것보다는, 창작자가 자신의 감성과 직관을 더해 변형해 보는 것이 중요하다. 예를 들어, AI가 만든 영상 샷이나 스타일을 검토한 후, 그 결과물에 독창적인 아이디어나 색감 등을 추가하여 최종 작품을 다듬을 수 있다.

나) 데이터 분석을 통해 새로운 영감 얻기

AI는 대중의 선호도나 최신 트렌드를 분석해 유용한 정보를 제공한다. 창작자는 AI가 제공한 데이터를 기반으로 새로운 영감을 얻고, 이를 창작물에 반영할 수 있다. 예를 들어, AI가 추천한 인기 주제를 바탕으로 다양한 해석과 표현을 시도하여 참신한 콘텐츠를 만들어낼 수 있다.

다) 감성적 요소 추가

AI는 데이터와 패턴을 기반으로 결과물을 생성하므로 감정과 직관이 결여될 수 있다. 창작자는 AI가 생성한 결과물에 감정적 깊이와 인간적인 요소를 더해, 작품이 단순한 효율성을 넘어 감동을 줄 수 있도록 한다.

[그림 134] 출처 : 미드저니

7. Epilogue

AI와 인간이 함께하는 창작의 여정은 이제 막 시작되었다. AI는 인간의 상상력을 확장하고 창작의 효율성을 높이기 위한 강력한 도구로 자리잡았지만, 창작의 주체로서 인간이 가지는 고유한 가치와 감성은 여전히 중요하다. AI가 창작의 동반자로서 더 큰 역할을 맡게 되었지만, 중요한 결정과 작품의 의미를 정의하는 역할은 여전히 인간의 몫이다.

AI가 창작 과정에서 제공하는 효율성과 독창성은 분명히 큰 장점이다. AI는 인간이 생각하지 못한 방식으로 창작을 돕고, 반복적이고 시간 소모적인 작업을 자동화함으로써 창작자가 보다 중요한 감성적이고 창의적인 결정에 집중할 수 있도록 한다. 그러나 이러한 과정에서 인간 창작자는 AI가 만든 결과물을 단순히 활용하는 것을 넘어 자신의 비전과 감성을 더해 작품을 완성해야 한다. 이처럼 AI와 인간이 협력하는 창작 여정은 기술적 진보를 넘어 인간적인 가치를 조화롭게 반영할 때 비로소 완성된다.

AI가 창작의 중요한 부분을 차지하게 되면서, 윤리적 기준과 인간적 가치가 창작 과정에 필수적으로 포함되어야 한다. AI는 빠르고 정확하게 데이터를 분석하여 결과물을 만들어내지만, 그 과정에서 윤리적 판단이나 감정적 판단을 스스로 내릴 수는 없다. 이러한 점에서 AI가 생성한 콘텐츠는 신뢰성, 투명성, 책임감을 담아야 하며, 그 책임은 창작자와 AI 개발자에게 있다.

미래 창작의 의미는 단순히 기술 발전에 의한 생산성 향상에 그치지 않는다. AI가 만들어낸 창작물에 인간적인 감성과 윤리적 책임이 더해질 때, 비로소 창작은 사회적 가치를 지니게 된다. AI 시대의 창작은 윤리적 가치를 반영함으로써, 기술의 효율성뿐 아니라 인간의 내면과 연결되는 창작으로서 의미를 얻을 수 있다.

AI와 인간이 함께 만들어갈 창작의 미래는 어떤 모습일까? AI가 창작 과정에서 점점 더 많은 부분을 담당하게 되면서, 인간은 창작의 어떤 부분에 더 집중해야 할까? AI가 제공하는 빠른 데이터 분석과 자동화된 창작 기능을 활용하면서도 인간 고유의 감정, 윤리적 기준, 독창성을 어떻게 유지할 수 있을까?

이 질문은 독자에게 AI와 인간이 함께 공존하며 만들어가는 창작의 본질에 대해 생각해볼 기회를 제공하고자 한다. 기술과 인간의 가치가 조화를 이루며, 서로의 강점을 살려 더 나은 창작의 방향으로 나아가는 것이 중요하다. 앞으로 우리는 AI가 제공하는 가능성 속에서 인간이 가진 창의성과 감성을 결합하여 더욱 풍부하고 깊이 있는 콘텐츠를 만들어낼 수 있기를 기대한다.

AI와 인간이 공존하는 창작의 미래가 윤리적 기준과 인간적 가치를 중심으로 지속될 때, 창작은 단순한 생산이 아닌 사회적, 문학적 의미를 지니는 진정한 예술이 될 수 있다.

두온교육_출판사

두온교육(주) 출판사와 함께 작가의 꿈을 실현하세요!
당신의 이야기가 세상을 바꿉니다.

카카오톡 채널
추가하세요

카카오톡 채널 추가하는 방법
❶ 카톡 상단 검색창 클릭
❷ 스캐너로 QR코드 스캔
❸ 홈에서 채널 추가

kakao**talk**